古代歷史文化研究輯刊

二九編

王 明 蓀 主編

第22冊

惲壽平家族研究（上）

朱萬章 著

國家圖書館出版品預行編目資料

惲壽平家族研究（上）／朱萬章 著 -- 初版 -- 新北市：花木
蘭文化事業有限公司，2023〔民 112〕
目 2+160 面；19×26 公分
（古代歷史文化研究輯刊 二九編；第 22 冊）
ISBN 978-626-344-166-8（精裝）
1.CST：（清）惲格 2.CST：繪畫史 3.CST：家族史
4.CST：畫論
618   111021693

古代歷史文化研究輯刊
二九編　第二二冊　　　　　ISBN：978-626-344-166-8

惲壽平家族研究（上）

作　　　者	朱萬章
主　　　編	王明蓀
總 編 輯	杜潔祥
副總編輯	楊嘉樂
編輯主任	許郁翎
編　　　輯	張雅淋、潘玟靜　美術編輯　陳逸婷
出　　　版	花木蘭文化事業有限公司
發 行 人	高小娟
聯絡地址	235 新北市中和區中安街七二號十三樓
	電話：02-2923-1455 ／傳真：02-2923-1452
網　　　址	http://www.huamulan.tw 信箱 service@huamulans.com
印　　　刷	普羅文化出版廣告事業
初　　　版	2023 年 3 月
定　　　價	二九編 23 冊（精裝）新台幣 70,000 元　　　版權所有 · 請勿翻印

惲壽平家族研究(上)

朱萬章 著

作者簡介

朱萬章，四川眉山人，畢業於中山大學歷史系和中國藝術研究院明清美術研究專業，獲博士學位，現為中國國家博物館研究館員，從事明清以來書畫鑒藏與研究、出版、教學及展覽策劃等，著有《書畫鑒考與美術史研究》、《居巢居廉研究》、《過眼與印記：宋元以來書畫鑒藏考》、《畫外乾坤：明清以來書畫鑒藏瑣記》、《銷夏與清玩：以書畫鑒藏史為中心》、《尺素清芬：百年畫苑書札叢考》、《鑒畫積微錄》、《白描畫徵錄》等論著二十餘種，撰寫美術史與書畫鑒定論文近百篇，策劃「明清人物畫展」、「明清花鳥畫展」、「紀念蘇庚春暨徵集書畫精品展」等大型展覽；近年研究領域開始涉及近現代美術史和當代美術評論。同時兼擅繪畫，出版有《一葫一世界：朱萬章畫集》、《學・藝：朱萬章和他的藝術世界》等。

提　　要

　　在學術界越來越關注到惲壽平藝術成就及其在清代以來的中國畫壇產生重大影響的時候，往往會忽略惲氏家族的文化積澱及其藝術淵源對惲壽平本人的影響及其在清代繪畫史上意義，同時也忽略惲氏家族在明清美術視野中的作用及其文化背景。因此，對惲壽平賴以生存的惲氏藝術家族的疏理與研究也就顯得越來越迫切與必要。惲氏長期居住於毗陵，繁衍生息，代代相傳。從元代以降，直到 20 世紀，其傳承之脈絡極為清晰，並且多出官宦、文人、畫家，所以清代道光年間的書畫家陸鼎在為惲壽平《甌香館集》作序時開宗明義便說：「毗陵惲氏，世家也」，而徐珂《清稗類鈔》也說：「毗陵惲氏多畫師」。這是對惲氏家族的極好概括。

　　在惲氏家族中，以現在有據可查的文化人可追溯到明代成化年間的惲釜，一直綿延至晚清民國，可謂文脈清晰，家學淵源。在惲氏家族中，這種「連貫性」集中表現在藝術成就方面。據統計，屬常州惲氏家族系統的畫家有近 70 人。在同一個家族中，產生如此眾多的藝術家，時間跨度達五、六百年，這在中國美術史上，是並不多見的。他們從明代中期以來便秉承詩書傳家的文化傳統，以筆墨自娛，以家塾式的教育薪火相傳。這種家族的發展既有源於光宗耀祖的普遍心態，也有文化家族的相互砥礪與薰染。有清一代，以惲氏家族為中心的江蘇畫壇，甚至出現「家南田而戶正叔」的現象。在這些書畫家中，不少人有大量的書畫作品行世，成為一筆寶貴的文化遺產，也是中國美術史上一道亮麗的風景線。

　　另一方面，惲氏家族中，惲壽平之外的多數藝術家幾乎都被遮蔽於惲壽平巨大的光環之下，並不為人所知。基於此，本文在掌握大量史料和傳世作品的基礎上，通過對史料的疏證，釐清惲氏家族自明代中期至清代中期約兩百餘年的發展脈絡與各個藝術家的藝術成就，揭示其家族背景、文化淵源、藝術傳承、藝術成就以及在清代畫壇的影響及其在中國美術史上的意義等等。希望這種考據與立論的研究能有助於學術界從家族背景的角度透視以惲壽平為代表的惲氏家族在明清美術史上的地位。

　　本書通過對傳世惲氏書畫作品的疏理與考察，參考中國國家博物館、北京故宮博物院、臺北故宮博物院、遼寧省博物館、香港中文大學文物館、浙江省博物館、廣東省博物館、天津博物館、日本京都國立博物館、日本觀峰館、上海博物館等數家海內外博物館所藏惲氏作品，並結合大量的時人文獻及今人的研究成果，解析惲氏家族的發展、演變及其藝術傳承脈絡，並希望藉此透視中國古代美術教育、藝術傳播及其家族背景的關係。

引　言

　　惲壽平於明崇禎六年（1633）生於江蘇武進縣（今常州），清康熙二十九年（1690）卒於家，享壽 58 歲。他初名格，字壽平，以字行，又字正叔，別號南田，一號白雲外史，別署雲溪史、雲溪外史、白雲溪、白雲溪外史、雲溪、西溪過客、東園、東園生、東園客、園客、南田客、南田後學、巢楓客、南田草衣、草衣生、草衣客、南田草衣客、抱甕客、橫山樵者、白雲溪漁、毗陵通家子等〔註1〕。

　　惲壽平是清初以降開一代新風的著名花鳥畫家，其畫風影響後世三百餘年，是清代繪畫史上舉足輕重的重要畫家。他與王時敏、王翬、王鑒、王原祁、吳歷並稱「清初六家」，是清代正統畫派的代表畫家。無論哪種版本的中國繪畫史，惲壽平都是一座不可繞過的重鎮。

　　藝術家族的研究，目前已經越來越受到海內外學術界的關注。近年來，不少關於藝術家族研究的論文或論著相繼問世。比如以宋徽宗（1082～1135）為中心的北宋趙氏家族〔註2〕、以文徵明（1470～1559）為中心的明代蘇州文氏家族〔註3〕、以胡士崑（1607～1687 尚在）為代表的清初金陵胡氏家族，以高

〔註1〕別號、署名主要來源於惲壽平傳世書畫及歷代著錄之畫目，本文主要參考以下多種專集：承名世主編《惲壽平書畫集》，文物出版社，1987 年；劉一聞編《惲壽平畫集》，上海人民美術出版社，1998 年；《惲壽平畫集》，江蘇美術出版社，1998 年；《惲壽平畫集》，北京工藝美術出版社，2005 年；蔡星儀《中國名畫家全集·惲壽平》，河北教育出版社，2006 年。

〔註2〕余輝《畫裏江山猶勝：百年藝術家族之趙宋家族》，臺北石頭出版股份有限公司，2008 年。

〔註3〕陶莎莎《明清時期蘇州文氏世家研究》，蘇州大學碩士論文，2009 年。

岑（約 1618～1689 後）為代表的清初金陵高氏家族〔註4〕、以陳書（1660～
1736）為中心的清代嘉興錢氏家族〔註5〕、以張崟（1761～1829）為代表的清
代鎮江張氏家族〔註6〕、以任熊（1823～1857）、任伯年（1840～1895）為中心
的晚清蕭山任氏家族〔註7〕、以居巢（1811～1865）、居廉（1828～1904）為中
心的晚清番禺居氏家族〔註8〕、以馬孟容（1892～1932）、馬公愚（1893～1969）
為代表的近代溫州馬氏家族〔註9〕、以郭蘭祥（1885～1938）為代表的近代嘉
興郭氏家族〔註10〕……等，都有學者開始關注並有論著（論文）刊行。但在中
國藝術史發展的長河中，綿延時間長達三百多年的、以惲壽平（1633～1690）
為中心的常州惲氏家族，到目前為止尚無人做專門研究。雖然關於惲氏家族的
個案在近代以來已有不少人做專題研究（比如惲壽平、惲向、惲冰、惲珠、惲
鶴生等），但尚無人從時代背景、家族演進、文化傳承、地域文化、姻親網絡
等多方面對其家族展開深入探討。

　　在學術界越來越關注到惲壽平藝術成就及其在清代以來的中國畫壇產生
重大影響的時候，往往會忽略惲氏家族的文化積澱及其藝術淵源對惲壽平本
人的影響及其在清代繪畫史上意義，同時也忽略惲氏家族在明清美術視野中
的作用及其文化背景。因此，對惲壽平賴以生存的惲氏藝術家族的疏理與研究
也就顯得越來越迫切與必要。

　　專門以惲氏藝術家族為主題的學術研究，目前尚無先例。現在關涉其家族
研究的文章，只有三篇，分別為蘭秋陽、邢海萍的《清代繪畫世家及其家學考
略》，路海洋的《論清代常州府文學家族的文化特徵——以惲氏、秦氏、劉氏、
張氏等為中心的考察》和唐秀珠的《宗族在地方社會團練中的作用——以武進
惲氏宗族為個例》。

〔註 4〕呂曉《《筆憶金陵——二個遺民藝術家族的山水詠懷》，臺北石頭出版股份有限
　　　　公司，2010 年。
〔註 5〕李湜《世代公卿，閨閣獨秀——女畫家陳書與錢氏家族》，臺北石頭出版股份
　　　　有限公司，2010 年。
〔註 6〕陳家紅《張崟詩畫相彰的家族淵源與地域文化特點》，蘇州大學碩士論文，2008
　　　　年。
〔註 7〕馬季戈《海派中堅——任氏家族》，臺北石頭出版股份有限公司，2010 年。
〔註 8〕朱萬章《居巢居廉研究》，嶺南美術出版社，2007 年。
〔註 9〕張如元《溫州馬氏書畫與家族文化傳承的啟示》，《溫州師範學院學報（哲學社
　　　　會科學版）》第 25 卷第 4 期，2004 年 8 月。
〔註10〕包銘新、沈雁《嘉興郭氏家族的繪畫傳統及其歷史意義》，《東華大學學報（社
　　　　會科學版）》第 4 卷第 1 期，2004 年 3 月。

　　《清代繪畫世家及其家學考略》〔註11〕以遍及清代江蘇、浙江、安徽、四川及奉天等省的 17 個藝術家族為例，認為繪畫世家的內部構成較為多樣，一門群從或父子相傳者最為多見，而惲氏家族便屬一門群從者。清代繪畫家族的家學傳統非常豐厚，有純粹的繪畫世家，也有兼擅書法或兼長文史的世家。而繪畫世家的家學內容也並非是固定不變的，往往因時而易，與時代變化休戚相關。作者進一步認為，豐厚的歷史文化積澱、清前中期的社會、政治環境以及統治者的喜好，是清代繪畫世家興盛的文化動因。該文所引述的 17 個繪畫世家分別是：以羅聘、方婉儀為代表的江蘇江都羅氏；以王時敏、王鑒、王原祁、王宸為代表的江蘇嘉定王氏；以惲向、惲格、惲馨生、惲標、惲源濬、惲源景、惲懷娥〔註12〕、惲珠、惲冰為代表的江蘇常州惲氏；以嚴繩孫、嚴泓曾為代表的江蘇無錫嚴氏；以馬元馭、馬荃為代表的江蘇常熟馬氏；以蔣廷錫、蔣溥、蔣楎為代表的江蘇常熟蔣氏；以錢綸光、陳書、錢陳群、錢與齡、錢儀吉、錢泰吉、錢寶惠、錢炳森為代表的浙江嘉興錢氏；以項聖謨、項奎明為代表的浙江嘉興項氏；以李琪枝為代表的浙江嘉興李氏；以方琢、方薰為代表的浙江嘉興方氏；以董鴻、董涵、董棨、董燿、董念荼、董宗善為代表的浙江秀水董氏；以董邦達、董誥為代表的浙江富陽董氏；以黃樹穀、黃易為代表的浙江錢塘黃氏；以錢杜、錢東為代表的浙江仁和錢氏；以梅鼎祚、梅朗中、梅清、梅庚為代表的安徽宣城梅氏；以張鵬翮、張問陶、張問安為代表的四川遂寧張氏；以高其佩、李世倬、硃倫瀚為代表的奉天府遼陽州高氏。惲氏家族只是作為 17 個家族中的一份子來印證其作者的上述觀點。

　　《論清代常州府文學家族的文化特徵──以惲氏、秦氏、劉氏、張氏等為中心的考察》〔註13〕所涉惲氏家族是以惲格、惲敬、惲冰、惲珠為中心的清代惲氏文學家族。作者認為清代常州府是江南文學家族的一大淵藪。在這些文學家族身上有著類似的文化特徵，它們分別是：以文化為立族趣尚、重視家學、家族科舉發達，文化家族相互聯姻、人才積聚繁衍、藝術活動豐富、文人風雅成為家族的標尚、婦學興盛、母教突出等等五個方面。文章以常州府的惲氏、秦氏、劉氏、張氏等為例，對這些家族特徵進行了深入探討，但對於以藝術成

〔註11〕蘭秋陽、邢海萍《清代繪畫世家及其家學考略》，《河北北方學院學報（社會科學版》第 25 卷第 3 期，2009 年 6 月。

〔註12〕該文誤將惲懷娥作「惲裹娥」。

〔註13〕路海洋《論清代常州府文學家族的文化特徵──以惲氏、秦氏、劉氏、張氏等為中心的考察》，《紹興文理學院學報》第 30 卷第 1 期，2010 年 1 月。

就著稱於世的惲氏家族則著筆不多，僅談及惲冰、惲珠兼擅書畫而也。

此外，唐秀珠《宗族在地方社會團練中的作用——以武進惲氏宗族為個例》〔註14〕雖然是以常州惲氏家族為主題，但所涉及的惲氏家族是晚清時期在地方團練中的作用。這一時期的惲氏家族，雖然還保持在常州地區的社會影響力，但離惲壽平時代所奠定的藝術傳統已經漸行漸遠，所以已不在本文所探討的範疇。

在惲氏家族的既往研究中，學術界關注最多的還是個案的研究，其中又以惲壽平、惲向、惲冰和惲珠的研究為主。

惲壽平研究，是惲氏家族研究中起步最早、研究最為深入、資料最為詳備的個案研究。現有資料顯示，惲壽平研究大致可分為以下三個階段：

（一）二十世紀前期

惲壽平在學術界受到極大的關注，主要起始於 20 世紀早期。晚清民國期間，在學術界引起極大關注的是惲壽平畫冊的相繼問世。據不完全統計，從晚清光緒年間到 1949 年的近 50 年左右的時間，出版了接近 20 種有關惲壽平的畫冊〔註 15〕。它們分別是：《南田花卉》（清光緒間刻本）、《惲南田仿古山水冊》（1909 年）、《寶惲室帖》（影印本，1909 年）、《惲南田便面譜》（20 世紀初）、《惲南田山水對題冊》（1913 年）、《清宮秘藏南田墨戲冊》（1917 年）、《惲南田墨華冊》（民國間印本）、《惲南田花果冊》（民國間印本）、《南田花卉山水

〔註14〕唐秀珠《宗族在地方社會團練中的作用——以武進惲氏宗族為個例》，《科技信息》2006 年 9 期。

〔註15〕晚清至民國期間出版的惲壽平畫冊極多，主要有以下數種：《南田花卉》（清光緒間刻本）、《惲南田仿古山水冊》（上海世界社，清宣統元年，1909 年）、《寶惲室帖》（影印本）（上海書畫會，清宣統元年，1909 年）、《惲南田便面譜》（日本東京十一組出版部，20 世紀初）、《惲南田山水對題冊》（上海神州國光社，民國二年，1913 年）、《清宮秘藏南田墨戲冊》（上海有正書局，民國 6 年，1917 年）、《惲南田墨華冊》（顧氏過雲樓藏，上海藝苑真賞社，民國間印本）、《惲南田花果冊》（上海西泠印社，民國間印本）、《南田花卉山水合冊》（上海有正書局，民國間印本）、《甌香館寫生冊》（上海有正書局，民國十四年，1925 年）、《惲南田花卉王石谷山水合璧》（上海文明書局，民國 14 年，1925 年）、《惲南田寫生冊》（上海中華書局，民國十五年，1926 年）、《惲南田花冊》（上海中華書局，民國十七年，1928 年）、《南田花卉冊》（日本京都山本釘太郎，昭和五年，1930 年）、《惲壽平畫山水》（北平國立故宮博物院，民國二十一年，1932 年）、《魯石珍藏名畫》（上海菰城書屋，民國 22 年，1933 年）。

合冊》（民國間印本）、《甌香館寫生冊》（1925 年）、《惲南田花卉王石谷山水合璧》（1925 年）、《惲南田寫生冊》（1926 年）、《惲南田花卉冊》（1928 年）、《南田花卉冊》（1930 年）、《惲壽平畫山水》（1932 年）、《魯石珍藏名畫》（1933 年）和《南田老人擬古冊》等。這些畫冊雖然所選作品未必都是真品、精品，但其廣泛的傳播，極大程度地打破了以往需要觀摩秘藏才能瞭解惲壽平畫風的限制。學術界瞭解惲壽平畫風的渠道因此而拓寬了，極大地提升了惲壽平在學術界的認知度，同時，也為惲壽平研究提供了有利的便利條件。

　　20 世紀以來，最早將惲壽平納入美術史視野的是日本學者內藤湖南（1866～1934）。他先後於 1916 年 8 月和 1918 年 9 月發表了《清朝的繪畫》和《四王吳惲》兩文〔註 16〕。在文章中，內藤湖南將惲壽平與四王、吳歷相提並論，並認為「在這六位大師中，最有才華的應該說是惲格」〔註 17〕，「是清朝畫家中天分最高的一個」，「花卉技法絕妙，可以說在古今獨樹一幟」。他認為惲壽平的沒骨法據說是受到南唐徐熙的影響，但同時懷疑「徐熙的繪畫留存至今是否能有惲格那樣絕妙的趣味」〔註 18〕，對惲壽平給予了極高的評價。此後，日本學者山本悌二郎（1870～1937）和紀成虎　於 1927 年出版了《宋元明清書畫名賢詳傳》〔註 19〕，中有《惲南田（壽平）》一節，對惲壽平的生平事蹟、交遊、繪畫成就、文學成就、書法藝術給予詳細闡述，是目前所知近人最早全面詳細研究惲壽平的論著。《宋元明清書畫名賢詳傳》後來經傅抱石（1904～1965）編譯，將其中所涉明末清初抗清藝人的畫家合編為一專輯，名為《明末民族藝人傳》，於抗戰之初（1937 年）梓行，《惲南田（壽平）》被囊括其中〔註 20〕，加深了學術界對惲壽平及其畫風的認識。

　　在二十世紀的中國學者中，較早關注惲壽平的是畫家兼學者的黃賓虹（1865～1955）。他在 1926 年發表了《惲南田傳略》〔註 21〕一文。該文在清人

〔註 16〕《清朝的繪畫》刊載於《大阪朝日新聞》1916 年 8 月 8～19 日；《四王吳惲》刊載於 1918 年 9 月 30 日發表的《四王吳惲》序文。兩文分別參見內藤湖南著，欒殿武譯《中國繪畫史》，中華書局，2008 年。

〔註 17〕內藤湖南《清朝的繪畫》，載內藤湖南著，欒殿武譯《中國繪畫史》，118 頁。

〔註 18〕內藤湖南《四王吳惲》，載內藤湖南著，欒殿武譯《中國繪畫史》，165 頁。

〔註 19〕《宋元明清書畫名賢詳傳》最早由日本丙午出版社（文求堂）於 1927 年出版，後來陸續有再版。按，山本悌二郎是近代日本著名的書畫收藏家，號二峰，其所藏書畫編有《澄懷堂書畫目錄》一書。

〔註 20〕傅抱石編譯《明末民族藝人傳》，臺灣高雄啟聖圖書公司，1972 年。

〔註 21〕黃賓虹《惲南田傳略》，《藝觀畫刊》第二、三號，1926 年。

所撰材料的基礎上，對惲壽平生平、事蹟及藝術概略做了簡單的疏理。雖然在今天看來，這只是一個基礎性工作，但對於現代研究惲壽平的學術史來說，卻是具有篳路藍縷之功的。

1944 年，學者溫肇桐（1909～1990）編撰「中國名畫家叢書」，其中所涉王原祁、王時敏、王翬、王鑒、吳歷、惲壽平部分被輯為《清初六大畫家》。在「惲南田」部分，作者分別從惲壽平的生涯、惲壽平的畫與詩等兩個方面對惲壽平展開詳細的探討。在前一部分，作者從惲壽平在建寧、惲壽平與王翬、惲壽平拜謁王時敏等三個方面勾勒出惲壽平的藝術活動歷程，讓人們認識其藝術形成的過程；後一部分，則從惲壽平的沒骨花卉、山水畫、惲氏一家與常州畫派、惲壽平的詩等四個方面探究其藝術成就，是第一個在惲壽平研究中關涉其藝術家族的研究。尤為珍貴的是，在書中尚附有「惲南田先生年表」，雖然由於受材料或全書體例所限，年表失之簡略，但在目前所知關於惲壽平各類年表或年譜中，此年表卻是最早的，其開創之功自然不可小覷。作者在自序中所稱，此書乃「稽其行狀，抉其畫學，依序草成」，「各家事蹟軼聞，或可由斯得其梗概」〔註22〕，觀「惲南田」一節，便可知其草創之功不可沒。

黃賓虹以後直到 50 年代，雖然關於惲壽平的專題研究不多，但不少通史類的繪畫史論著談及惲壽平，惲壽平和清初王時敏、王原祁、王翬、王鑒、吳歷一起並稱「四王吳惲」和「清初六家」，進入到正統美術史系統，在繪畫史上的地位得到充分肯定。這些繪畫史論著主要有陳衡恪（師曾）的《中國繪畫史》〔註23〕、俞劍華的《中國繪畫史》〔註24〕、鄭昶（午昌）的《中國畫學全史》〔註25〕、傅抱石的《中國繪畫變遷史綱》〔註26〕等。他們都將惲壽平置於清初繪畫史的語境中進行考察，是清代初期承前啟後的一代名家。

在這一時期，在惲壽平研究的學者中，童書業（1908～1968）是一個不可繞過的重要人物。童書業既是一個著名史學家，也是一個畫家、一個美術史學者，因此在研究繪畫史時，顯示出與很多純粹歷史學家或美術史學者迥然不同的個性。他認為：「研究繪畫、瓷器的畫家、賞鑒家，雖在繪畫技法、古畫、古瓷的賞鑒方面造詣頗高，卻可惜不懂歷史，不能以發展的觀點探討繪畫、瓷

〔註22〕溫肇桐《清初六大畫家》，香港崇明出版社，1976 年。
〔註23〕陳衡恪《中國繪畫史》，濟南翰墨緣美術院，1925 年。
〔註24〕俞劍華《中國繪畫史》，上海商務印書館，1937 年。
〔註25〕鄭昶《中國畫學全史》，上海中華書局，1929 年。
〔註26〕傅抱石的《中國繪畫變遷史綱》，南京書店，1931 年。

器史，對於有關的許多問題，往往不能放到具體的歷史環境中進行考察，不能前後比較，貫通研究，因此挖掘不深，甚至出現錯誤；有些研究歷史的人，雖有發展的觀點，但對於繪畫技法、古畫、古瓷的賞鑒不甚了然，同樣也大受限制」〔註27〕。童書業恰好具備了歷史學家和畫家的雙重身份，因而研究其中國繪畫史來，可謂得心應手。他對中國畫的研究，主要有兩個高峰，一是 1949年以前；一是 20 世紀 60 年代〔註28〕。他所撰寫的關於惲壽平研究的文章，共有 7 篇，雖然都是隨筆雜感性質的小品文，但反映出早期惲壽平研究的一些特徵。《四王、吳、惲》雖然是將惲壽平與另五家相提並論，但其中所涉惲壽平部分不乏真知灼見。他認為惲壽平「一面師法沈、陳的逸致，一面又得宋、元工筆花鳥畫的技術，較周之冕更能兼具真、妙之長，所以其畫法幾乎掩蔽有清一代，稱為正宗」〔註29〕；《王石谷、惲南田、吳漁山同學唐六如》認為惲壽平學習唐寅（1470～1523）的畫法極為明顯，「拿南田的樹法和石法，與六如的比較一下，其刻露清秀的神氣，完全一致。多讀南田、六如的畫，仔細研究，定能首肯這點」〔註30〕，反映出作者閱讀惲壽平花鳥畫的心得體會；而《惲南田沒骨花卉的來源》更進一步指出惲壽平沒骨花卉「大概也出於吳門（周之冕也屬這一派）」〔註31〕，《南田沒骨花二論》更互證說，其沒骨花卉「實出明人，不過石田、青藤水墨花卉之設色化、工致化而也」〔註32〕，這和清代以來的很多評論者認為其源出於徐崇嗣、徐熙是有所不同的；《惲南田山水畫的特點》認為惲壽平山水畫的優點是「氣韻靈秀，筆法顯露而不板刻，墨法濕潤而不俚俗」，缺點是「氣韻薄弱，而欠渾厚，大幅尤嫌單薄，能明不能暗，不善乾濕互用」，形成這些特點的原因在於五個方面：基本畫法出於唐六如、用花卉筆法寫山水、書法靈秀，以書法作畫、宗師元人、得力寫生〔註33〕；《王石谷、惲南田的短長》拋棄歷來崇惲抑王的觀點，認為「石谷功力深，畫學博，變化多，但有刻露、甜熟等毛病；南田天分高，文才勝，書法佳，筆法

〔註27〕童教英《〈童書業繪畫史論集〉之整理說明》，載童書業著，童教英整理《童書業繪畫史論集》，1 頁，中華書局，2008 年。

〔註28〕童教英《〈童書業繪畫史論集〉之整理說明》，載童書業著，童教英整理《童書業繪畫史論集》，3～4 頁。

〔註29〕童書業著，童教英整理《童書業繪畫史論集》，185～190 頁。

〔註30〕童書業著，童教英整理《童書業繪畫史論集》，725～726 頁。

〔註31〕童書業著，童教英整理《童書業繪畫史論集》，730 頁。

〔註32〕童書業著，童教英整理《童書業繪畫史論集》，825 頁。

〔註33〕童書業著，童教英整理《童書業繪畫史論集》，731 頁。

靈秀超脫，墨法清潤，但有薄弱、淺露等毛病」〔註34〕，王翬、惲壽平二人，可謂各有短長；《傳世惲南田記黃子久〈秋山圖〉質疑》認為傳世所載惲壽平記錄的黃子久《秋山圖》的文字，關涉王時敏、王翬，稱其為「筆墨交」，但二人實為師生關係，以惲壽平與王翬的關係，不可能犯此低級錯誤，其他類似的常識性錯誤，還有不少，因而作者認為這不過是「當時所謂名士，類多此類誇飾記載，不能盡信為事實也」〔註35〕，反映出一個歷史學家疑古、考訂、推理的職業敏感。

（二）二十世紀 50～90 年代

50 年代至 80 年代，惲壽平研究處於低谷。現在所見這段時間研究惲壽平的成果主要有 1975 年由臺灣學者張臨生撰寫的《清初畫家惲壽平》〔註36〕。該文分為七大部分，分別為：惲壽平的繪畫、惲壽平的沒骨花卉、惲壽平的書法、惲壽平的繪畫成就、惲壽平的生平、惲壽平的交遊和惲壽平年表。雖然就文章的結構看，本身就具有凌亂和不清晰之處（如「惲壽平的繪畫」、「惲壽平的沒骨花卉」和「惲壽平的繪畫成就」三個部分互有交叉和重疊之處），但作為一篇從生平事蹟、藝術成就、交遊等多方面、綜合性研究惲壽平的文章，該文還是第一篇。這在惲壽平研究史上無疑具有重要的學術意義。此外，這一時期尚有一些零星的惲壽平研究文章問世，但由於受條件所限或當時的政治環境所制約，大多流於介紹性文字，值得一提的不多。

八十年代以來，惲壽平研究也和其他所有人文學科研究一樣，迎來一個春天。在八十年代以來的惲壽平研究中，蔡星儀和楊臣彬的專業研究將惲壽平研究推向一個高峰。

蔡星儀的惲壽平研究始於八十年代初。1982 年，蔡星儀將首批惲壽平研究成果《論惲壽平和他的沒骨花卉》〔註37〕刊發於所他供職的中國藝術研究院美術研究所主辦的《美術史論》上，開啟了他的惲壽平研究生涯。在當時並不具備多少研究條件的情況下，蔡星儀數度奔赴惲壽平生活的常州找尋資料，並在海內外搜集惲氏傳世繪畫作品，於 1994 年發表了《惲壽平年譜稿略》〔註38〕，

〔註34〕童書業著，童教英整理《童書業繪畫史論集》，732 頁。
〔註35〕童書業著，童教英整理《童書業繪畫史論集》，791～792 頁。
〔註36〕張臨生《清初畫家惲壽平》，（臺北）故宮季刊第十卷第二期（1975）。
〔註37〕蔡星儀《論惲壽平和他的沒骨花卉》，《美術史論》1982 年第 3 輯。
〔註38〕蔡星儀《惲壽平年譜稿略》，《朵雲》總第 41 期，1994 年 2 月。

並先後於 2000 年和 2006 年將歷年研究惲壽平的成果梓行，分別為《惲壽平研究》〔註39〕和《中國名畫家全集・惲壽平》〔註40〕。無論從研究的深度，還是佔有資料的廣度，蔡星儀的惲壽平研究都是值得大書一筆的。

楊臣彬的研究雖然相對於蔡星儀來說略晚一些，但其研究惲壽平的深度也與蔡星儀未遑多讓。他以賞鑒家的眼光及其以寓目過百件惲氏作品的有利條件，對惲壽平的作品考訂、生平事蹟及其藝術成就展開論述。他分別於 1983 年和 1994 年刊發了《惲壽平早年事蹟及年譜簡編》〔註41〕和《惲壽平的生平與藝術》〔註42〕，並於 1996 年將惲壽平研究成果結集出版為《明清中國畫大師研究叢書・惲壽平》〔註43〕，是繼蔡星儀之後又一個惲壽平研究之佼佼者。

兩個學者對惲壽平的生平、藝術成就、畫論、年譜等各個方面都做了較為詳盡的論述，是目前所見惲壽平研究中最為完備、最為深入的學術成果。

鑒於惲壽平在清初畫壇的影響和地位，大凡研究中國繪畫史的論著，都曾對惲壽平藝術成就做過研究或有過關注。這一時期的繪畫史專著主要有王伯敏的《中國繪畫史》〔註44〕、潘天壽的《中國繪畫史》〔註45〕、高居翰（Cahill，J.）的《中國繪畫史》〔註46〕、何延喆的《中國繪畫史要》〔註47〕、張朝暉，徐琛的《中國繪畫史》〔註48〕、高準的《中國繪畫史導論》〔註49〕、任道斌、關乃平的《中國繪畫史》等〔註50〕。這些論著都是以高屋建瓴式的研究將惲壽平置於中國繪畫發展的長河中，多次為我們研究和認識惲壽平藝術成就及其在清初畫壇的地位提供了指引。

〔註39〕蔡星儀《惲壽平研究》，天津人民美術出版社，2000 年。
〔註40〕蔡星儀《中國名畫家全集・惲壽平》，河北教育出版社，2006 年。
〔註41〕楊臣彬《惲壽平早年事蹟及年譜簡編》，《故宮博物院院刊》，1983 年第 3 期，總第 21 期。
〔註42〕楊臣彬《惲壽平的生平與藝術》，《朵雲》總第 41 期，1994 年 2 月。
〔註43〕楊臣彬《明清中國畫大師研究叢書・惲壽平》，吉林美術出版社，1996 年。
〔註44〕王伯敏《中國繪畫史》，人民美術出版社，1982 年。
〔註45〕潘天壽《中國繪畫史》，上海人民美術出版社，1983 年。
〔註46〕（美）高居翰（Cahill，J.）著，李渝譯《中國繪畫史》，臺北雄獅圖書股份有限公司，1984 年。
〔註47〕何延喆《中國繪畫史要》，天津人民美術出版社，1993 年。
〔註48〕張朝暉、徐琛《中國繪畫史》，臺北文津出版社，1996 年。
〔註49〕高準《中國繪畫史導論》，臺北文史哲出版社，1997 年。
〔註50〕任道斌、關乃平《中國繪畫史》，21 世紀出版社，1997 年。

　　此外，另有學者從不同角度撰寫論文對惲壽平展開研究。由於受篇幅所限，這些文章大多從某一微觀問題入手，對惲壽平展開探討。現歸納起來，主要有以下兩個方面：

1. 生平事蹟的考訂

　　生平事蹟的考訂雖然只是一個畫家研究的初級階段，但往往關乎很多結論的判斷。因此，即便是一個看似很微小的考證，都會在研究中起到至關重要的作用。對於惲壽平的生平事蹟，在上述專題性研究之外，尚有不少零星的文章涉及某一方面。如惲新安、顧信的《惲壽平的家世、生平事蹟及其著述、石刻考略》〔註51〕除重點論述其生平事蹟之外，還介紹清代各個時期摹刻的《清嘯閣藏帖》（1796 年）、《甌香館法帖》（1802 年）、《愛石山房石刻》（1802 年）、《惲王合璧》（1818 年）、《寶惲室帖》（1829 年）等五種惲壽平石刻法帖，是目前所見唯一一篇介紹其石刻書法的論文；趙國英的《亙古無雙：王翬與惲壽平、唐宇昭、笪重光之間的交遊》〔註52〕則以交遊為切入點，引述藝術家在交遊中藝術所相互間受到的影響。

2. 繪畫風格及美學思想的探討

　　承名世的《惲南田和「常州派」》〔註 53〕、雷甫鳴的《惲南田的畫與畫論》〔註 54〕、惲振霖的《惲壽平與沒骨寫生法》〔註 55〕、鄧曉的《惲壽平在花卉創作上的承繼與開拓》〔註 56〕、鮑少游的《從惲南田的〈五清圖〉說起》〔註 57〕和李金榮《五彩繪盡天下色古今一人唯南田——甘肅省圖書館藏〈惲壽平花鳥冊〉賞析》〔註 58〕等諸文分別從宏觀和微觀的不同角度探討惲壽平的繪畫風格。

〔註51〕惲新安、顧信《惲壽平的家世、生平事蹟及其著述、石刻考略》，《南京藝術學院學報（音樂與表演版）》1981 年 01 期。

〔註52〕趙國英《亙古無雙：王翬與惲壽平、唐宇昭、笪重光之間的交遊》，《中國書畫》，2008 年 10 期。

〔註53〕承名世《惲南田和「常州派」》，《文物》1981 年 9 期。

〔註54〕雷甫鳴《惲南田的畫與畫論》，《南京藝術學院學報（音樂與表演版）》，1981 年 01 期。

〔註55〕惲振霖《惲壽平與沒骨寫生法》，《朵雲》第七集，1984 年 11 月。

〔註56〕鄧曉《惲壽平在花卉創作上的承繼與開拓》，《美術研究》1994 年 03 期。

〔註57〕鮑少游《從惲南田的〈五清圖〉說起》，載鮑少游《鮑少游畫論集》，202～233 頁，臺灣商務印書館有限公司，1978 年。

〔註58〕李金榮《五彩繪盡天下色古今一人唯南田——甘肅省圖書館藏〈惲壽平花鳥冊〉賞析》，《圖書與情報》1999 年 04 期。

　　朱良志的《惲南田的繪畫美學思想》〔註59〕主要以沈子丞《歷代論畫名著彙編·南田論畫》為藍本，從以自然為中心的藝術構思、尚簡尚雅的審美趣味、「高逸」的審美理想等三個方面探討惲壽平的繪畫美學思想，是從美學的角度對惲壽平畫學思想展開探討；鄧喬彬的《論惲格的繪畫思想》認為惲壽平「特有的攝情說寄寓民族感情，以物明志，既旁取於詩之以情為本，又蘊涵哲理」，而對於「逸品」之說，惲壽平「強調人品高逸，對相關的取景、筆墨、風格、技巧亦多創見」〔註60〕。其他如王岳群的《論惲南田的美學思想》〔註61〕、承載、王恩重的《惲南田的藝術性格——兼論明末清初文人傳統的遞變》〔註62〕、張瑗的《傳丹青之妙筆，寓象外之奧旨——簡評惲南田的題畫詩》〔註63〕和劉喬的《惲壽平〈一竹齋圖〉卷研究之遺民情懷考》〔註64〕都是對其美學思想或繪畫理路的探討。

　　以上所述文章或者從藝術成就、畫論、藝術性格，或者從作品考據、交遊、著述、生平考訂等方面展開闡述。這些成果和前述論著相得益彰，共同成為20世紀以來惲壽平研究的豐碩成果，也是目前所見惲壽平研究的國內外現狀。

（三）2000 年以後至今

　　2000 年以後，陸續出現了一些研究常州畫派或常州書畫家的論著，主要以潘茂的《常州畫派》〔註65〕、葉鵬飛的《常州畫派研究》〔註66〕和秦耕海的《常州書畫家傳》〔註67〕為代表。潘茂的《常州畫派》、葉鵬飛的《常州畫派研究》除了對惲壽平的藝術成就做了梳理和研究外，還對惲壽平畫風在清代的傳播和影響、惲氏家族中其他較為有名的幾個畫家如惲冰、惲道生等做了介紹。秦耕海的《常州書畫家傳》則是瞭解包括惲氏家族在內的常州書畫的最為

〔註59〕朱良志《惲南田的繪畫美學思想》，《江漢論壇》，45～50 頁，1984 年 11 期。

〔註69〕鄧喬彬《論惲格的繪畫思想》，《常熟高專學報》2009 年 9 月第五期。

〔註61〕王岳群《論惲南田的美學思想》，載常抒編《常州書學論集》，17～30 頁，中國文聯出版社，1999 年。

〔註62〕承載、王恩重《惲南田的藝術性格——兼論明末清初文人傳統的遞變》，《華東師範大學學報（哲學社會科學版）》1996 年第 6 期。

〔註63〕張瑗《傳丹青之妙筆，寓象外之奧旨——簡評惲南田的題畫詩》，《南京師大學報（社會科學版）》，1988 年第 2 期。

〔註64〕劉喬《惲壽平〈一竹齋圖〉卷研究之遺民情懷考》，《美苑》2009 年第 1 期。

〔註65〕潘茂《常州畫派》，吉林美術出版社，2003 年。

〔註66〕葉鵬飛《常州畫派研究》，江蘇人民出版社，2008 年。

〔註67〕秦耕海編著《常州書畫家傳》，中國畫報出版社，2003 年。

完備的一部工具書。

特別值得一提的是，由中國藝術研究院美術研究所牛克誠積數年之功撰寫的《色彩的中國繪畫》〔註68〕，書中對惲壽平的點染體沒骨花鳥、常州畫派的點染體沒骨花鳥及其主要代表畫家作了深入研究，是第一個提出惲壽平沒骨花鳥為點染體沒骨花鳥的學者，其開創之功不可忽略。

這一時期惲壽平研究的另一重要特點是，不少大學或其他科研機構的學位論文開始關注惲壽平，出現了不少以惲壽平研究為主題的碩士論文。這些論文主要有米娜的《惲壽平和現代沒骨畫》〔註69〕、馬斐的《惲壽平繪畫藝術研究》〔註70〕、林麗的《惲壽平沒骨花卉藝術的形式分析》〔註71〕和陶鎏霞《惲南田花鳥畫的藝術品格芻議》〔註72〕等，這些論文基本上都集中於談論惲壽平的繪畫技法。雖然由於受條件所限，論文大多停留於對前人成果的綜述和惲壽平繪畫表象的探究，但大量學位論文對惲壽平的關注，說明惲壽平研究已經由以前的專業研究進入到一個多元化時代。

惲壽平研究之外，惲向是另一個較多受到關注的惲氏家族的藝術家。

惲向是一個純粹的山水畫家，因而在惲向研究中，更多地側重其山水畫研究。早年民國時期，便出版過《惲本初山水冊》。在今人袁平《氣厚力沉，悠然自遠──論惲向山水畫的藝術特色》中，從以下三個方面對其山水畫展開研究：強調山水畫的意境、氣韻和筆墨；南北風格兼收；自出機杼，「恥於平流伍」，堅守自己的藝術品味〔註73〕。作者通過對其山水畫的解讀，試圖讓惲向這樣一位並未處於歷史風口浪尖之上的、甚至有些被人所遺忘的畫家重新回到歷史視野之中。

惲向同時也有大量畫學論述行世，因而，黃亮的《解讀惲向畫論的內涵》便從惲向的畫學思想對其展開研究。作者認為，惲向對黃公望、倪瓚的評價之所以能落實到細微之處，關鍵在筆墨方面惲向對黃、倪的理解深度，尤其是對倪瓚畫中的簡和逸氣以及黃公望畫中的筆墨、意境的追求上，使其對黃、倪繪畫的精髓瞭解尤深。惲向提出「氣韻在筆而不在墨」，認為筆乃出自天成，乃

〔註68〕牛克誠《色彩的中國繪畫》，湖南美術出版社，2002年。

〔註69〕米娜《惲壽平和現代沒骨畫》，中央民族大學碩士論文，2005年。

〔註70〕馬斐《惲壽平繪畫藝術研究》，河南大學2007年碩士論文。

〔註71〕林麗《惲壽平沒骨花卉藝術的形式分析》，揚州大學碩士論文，2008年。

〔註72〕陶鎏霞《惲南田花鳥畫的藝術品格芻議》，中國美術學院碩士論文，2010年。

〔註73〕袁平《氣厚力沉，悠然自遠──論惲向山水畫的藝術特色》，2008年第10期。

決定氣韻的內因；墨雖是傳達氣韻的重要部分，但只是依附在筆法之上，筆才是氣韻生發的源泉〔註 74〕。

惲向不屬那種開宗立派的一流畫家，在美術史上受關注的程度遠不及同時代的四王、吳惲等，在有清一代的兩百多年間，在畫史上幾乎並沒有引起足夠的重視。因此，對他的研究想比較惲壽平研究而言，就顯得極為薄弱。

閨閣畫家群是惲氏藝術家族的一個重要特色。在惲氏閨閣畫家中，惲冰影響最大，傳世作品也最夥。在民國時期，已梓行過《清於女史仿宋人花果真蹟》。故宮博物院的李湜是研究明清閨閣畫家的專家。在其論著《明清閨閣畫家研究》中，對惲冰、惲珠、惲懷娥、惲懷英、毛周等惲氏閨閣畫家的傳說作品及其風格進行了深入研究，是目前所見研究惲氏閨閣畫家中僅有的碩果〔註 75〕。

惲珠作為惲氏家族閨秀文化的典範，以其文學涵養與書畫作品成就了一代才女的美譽。在以男權為中心的清代社會，研究惲珠在惲氏家族中的影響及其在清代文化中的地位顯然有著非同尋常的意義。《滿清文化融合的使者，閨秀文化發展的領袖──惲珠》和《惲珠與〈國朝閨秀正始集〉研究》兩文便是對惲珠的深入研究。《惲珠與〈國朝閨秀正始集〉研究》是南京師範大學高春花撰寫的碩士論文〔註 76〕，該文除詳細介紹惲珠的生平事蹟外，還對惲珠選編的《國朝閨秀正始集》和創作的《紅香館詩草》進行探究。

以上研究多集中於惲壽平、惲向、惲冰、惲珠等個案的研究，在一定程度上豐富和完善了對不同時期惲氏家族資料的疏理與深入。但較為欠缺的是，對於延續數百年文脈的惲氏藝術家族的系統研究，則尚未見有相關成果問世。

在繪畫藝術之外，對於涉及惲氏家族研究的尚有在文學和學術史方面的關注，如黃志浩的《常州詞派研究》〔註 77〕、美國學者艾爾曼（Benjamin A. Elman）的《經學、政治和宗族：中華帝國晚期常州今文學派研究》〔註 78〕等。這些研究中雖然只是隻言片語地言及惲氏家族中的某一些成員，但據此可看出惲氏家族各個成員在藝術以外的不同成就，彰顯其深厚的文化底蘊。

〔註 74〕黃亮《解讀惲向畫論的內涵》，《江西教育學院學報（社會科學）》，2009 年 8 月，第 30 卷第 4 期。

〔註 75〕李湜《明清閨閣繪畫研究》，69～77 頁，紫禁城出版社，2008 年。

〔註 76〕高春花《惲珠與〈國朝閨秀正始集〉研究》，南京師範大學碩士論文，2006 年。

〔註 77〕黃志浩《常州詞派研究》，中國社會科學出版社，2008 年。

〔註 78〕艾爾曼著，趙剛譯《經學、政治和宗族：中華帝國晚期常州今文學派研究》，江蘇人民出版社，1998 年。

　　事實上，雖然學術界對惲壽平等個案的研究已經較為深入，但惲氏家族研究所面臨的最大的問題是，至今尚無人對惲壽平家族從明代中後期到請到後期的三百餘年發展歷程做系統的疏理與研究。此外，在惲氏家族的個案研究中，由於受傳世作品及原始文獻資料所限，也沒能對惲壽平以外的其他惲氏藝術家成員做較為深入的研究。

　　鑒於此，本文通過對惲氏傳世書畫作品的疏理與考察，走訪了香港中文大學文物館、浙江省博物館、廣東省博物館、天津博物館、日本京都國立博物館、日本觀峰館、上海博物館等數家海內外博物館所藏惲氏作品，並結合大量的時人文獻及今人的研究成果、學術圖錄，對惲氏藝術家的生平事蹟、藝術活動、藝術傳承進行整理鉤稽。

　　本選題的重點在於，在前人廣泛研究惲壽平的基礎上，對明代中後期的惲氏家族成員如惲釜、惲紹芳、惲應侯、惲應翼、惲日初、惲厥初、惲含初、惲向的生平事蹟、藝術活動進行疏理。同時，對惲壽平之後 100 餘年的惲氏家族中的藝術家如惲源濬、惲冰、惲珠、惲懷娥、惲懷英、惲珠等人的藝術傳承、繪畫風格展開探討。在此基礎上，勾勒惲氏家族藝術演變的歷程，並藉此透析家族背景與藝術流變、個人發展與家族背景、地域文化與家族發展、家族文化與藝術教育、藝術傳播與家族背景等等較少受到關注的問題，以及藝術家族在中國傳統繪畫發展中的作用。

圖 1　清‧惲壽平《秋卉狸貓圖》，絹本設色，中國國家博物館藏

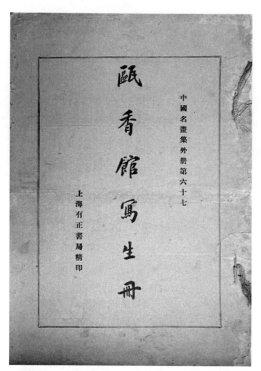

圖 2　惲壽平《甌香館寫生冊》書影，葉康寧提供

圖 3　惲壽平《南田老人擬古冊》，葉康寧提供

圖4　蔡星儀《惲壽平研究》書影　　圖5　蔡星儀《中國名畫家全集·惲
　　　　　　　　　　　　　　　　　　　　　壽平》書影

圖6　楊臣彬《明清中國畫大師研究　圖7　葉鵬飛《常州畫派研究》書影
　　　叢書·惲壽平》書影

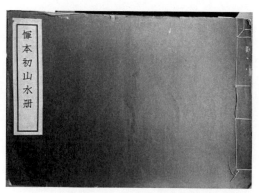

圖 8　惲向《惲本初山水冊》書影，葉康寧提供

圖 9　明‧惲向《仿巨然山水》軸，紙本墨筆，121.9×
48.5 釐米，臺北故宮博物院藏

圖 10　惲冰《清於女史仿宋人花果真蹟》書影，葉康寧提供

圖 11　清·惲冰《華春雙豔圖》，紙本設色，青島市博物館藏

第一章　詩文傳家：早期惲氏家族

常州自古以來便是人文薈萃之地。宋代大詩人陸游（1125～1210）稱此地「儒風蔚然，為東南冠」〔註1〕，而清代詩人龔自珍（1792～1841）更稱常州「天下名士有部落，東南無與常匹儔」、「人人妙擅小樂府，爾雅哀怨聲能遒」〔註2〕，顯示其文風昌盛、文士雲集的地域特徵。有清一代，常州地區更出現了以惲壽平（1633～1690）為代表的常州畫派、以莊存與（1719～1788）、劉逢祿（1776～1829）為代表的常州今文學派、以惲敬（1757～1817）、張惠言（1761～1802）為代表的陽湖文派、以張惠言、張琦（1764～1833）、董士錫（1782～1831）為代表的常州詞派、以費伯雄（1800～1879）、馬培之（1820～1903）、丁甘仁（1865～1926）為代表的孟河醫派（亦稱常州醫派）等號稱「五派」的鼎盛局面。在這樣一個具有深厚文化底蘊的地域，產生了眾多以詩文、藝術為擅場的家族群體，也就不足為奇了。在明清時期，先後出現了以惲壽平為代表的惲氏家族、以莊存（1710～1752）、莊存與、莊永男（1789～1862）為代表的莊氏家族、以張惠言、張琦為代表的張氏家族、以畢涵（1732～1807）、畢簡（1781～1860）為代表的畢氏家族、以湯貽汾（1777～1853）、湯祿名（1804～1874）為代表的湯氏家族、以左錫璿（1829～1895）、左錫嘉（1830～1894）為代表的左氏家族……。他們或者以詩文傳家、或者以學術光耀門庭、或者以藝術揚名，不僅在常州地域文化中留下濃墨重彩的一筆，在整個中國文化的發展中，都作出不可磨滅的功績。

惲氏家族便是在這樣的文化背景中應運而生的世家望族。

〔註1〕　《常州府志》卷十六，轉引自葉鵬飛《常州畫派研究》，5 頁，江蘇人民出版社，2008 年。

〔註2〕　龔自珍《常州高材篇》，載《龔自珍全集》，494～495 頁，中華書局，1959 年。

第一節　惲氏源流

　　惲氏在百家姓中是一個小姓，在江蘇常州卻是一個家喻戶曉的名姓。《辭源》列舉惲姓人物惲冰、惲敬、惲壽平等三人〔註3〕，均為江蘇武進（今常州）人；《辭海》列舉惲姓人物惲敬、惲代英（1895～1931）、惲壽平、惲鐵樵（1878～1935）等四人，也為常州人〔註4〕。《中國人名大辭典》列舉惲姓惲日初、惲世臨、惲本初、惲光宸、惲冰、惲秉恬、惲彥琦、惲昶、惲珠、惲祖翼、惲厥初、惲敬、惲壽平、惲標、惲巍等十五人〔註5〕，除惲光宸、惲彥琦為大興人外，其餘13人均為常州籍，而惲光宸、惲彥琦原籍陽湖，陽湖本為常州署轄，因而惲光宸、惲彥琦實際也為常州人；俞劍華（1895～1979）編《中國美術家人名辭典》〔註6〕和朱鑄禹編《中國歷代畫家人名辭典》〔註7〕所載惲氏書畫家，幾乎都出自常州。《中華姓氏大典》這樣說：「武進多惲氏，他縣無聞」〔註8〕，因此有「天下惲姓出常州」之說〔註9〕。

　　關於惲氏的起源，歷史上多種不同的說法，歸納起來，主要有以下三種：

　　（一）出自漢代楊惲。這是目前學術界最流行的說法。最早記錄惲姓並提出這一說法的是明代洪武年間的翰林院編修吳沈，他在撰寫的《天下姓》（又名《皇明千家姓》）中首次將惲姓收入官譜，認為惲姓「出於漢平通侯惲楊惲，子孫徙安定，遂以名為姓」〔註10〕。到了清代，王相在箋注《百家姓考略》時更詳細指出，西漢大臣楊惲，為司馬遷外甥，官中郎將，封平通侯，因得罪宣帝被腰斬，其子為避難，以惲為氏，世代相傳〔註11〕。清代陽湖文派的代表人物張惠言（1761～1802）在其《敕封文林郎惲君墓誌銘》中也這樣寫道：「惲本楊氏，漢平通侯惲，其子違難，是曰貞道。後遷於毗陵之黃山而葬焉，子孫

〔註3〕　廣東、廣西、湖南、河南辭源修訂組、商務印書館編輯部編《辭源（修訂本）》第二冊，1144頁，商務印書館，1979年。
〔註4〕　辭海編輯委員會編《辭海（1979年版）》（縮印木），869頁，上海辭書出版社，1980年。
〔註5〕　臧勵龢等編《中國人名大辭典》，1156～1157頁，上海書店，1980年。
〔註6〕　俞劍華《中國美術家人名辭典》，上海人民美術出版社，1981年。
〔註7〕　朱鑄禹《中國歷代畫家人名辭典》，人民美術出版社，2003年。
〔註8〕　巫聲惠編著《中華姓氏大典》，河北人民出版社，2000年。
〔註9〕　蘇慎編著《常州姓氏》，中國文史出版社，2003年。
〔註10〕　惲敬《得姓述》，載惲敬《大雲山房文稿》初集卷二，94頁，古籍珍本叢刊，續修四庫全書・集部・別集類，上海古籍出版社，1995年。
〔註11〕　王相箋注《百家姓考略》，中國書店，1991年。

世為毗陵人……惟惲氏自漢子孫不他徙，能志其祖居而葬，至於今不婚楊氏」
〔註12〕。惲敬在《得姓述》中引用惲氏十世祖惲東麓《黃山集》中所載的一條
資料進一步印證：元代末年發掘出一座惲氏墓葬，上有碑碣「漢梁相國惲子冬
之墓」，故推惲氏始祖為惲子冬，根據明代嘉靖年間所編輯之惲氏私譜所載，
子冬正是楊惲之子貞道，這便與前述史實相吻合了，因而確定惲子冬（貞道）
為惲氏第一世〔註13〕。傳至宋朝惲方直時為惲氏第44世。其長子惲紹恩留居
河莊（現為常州市新北區的孟河鎮），為惲氏北分之祖；次子惲繼恩遷徙城南
上塾（清咸豐、同治年間改稱上店，今屬常州市武進區湖塘鎮），為惲氏南分
之祖。惲氏從此遂分為北南二支，世稱北惲、南惲。

　　（二）出自羋姓，春秋楚成王熊惲之後，以祖名為氏。據張澍撰《姓氏尋
源》載，春秋時楚國楚成王熊惲的後人，有的以祖名惲為姓，稱為惲氏〔註14〕。

　　（三）出自鄆姓所改。據《姓考》載，惲氏本姓鄆，後改為惲姓，形成另
一支惲氏。

　　以上三種惲氏起源說，比較被認同的觀點是第一種。

　　惲氏長期居住於毗陵，繁衍生息，代代相傳。從元代以降，直到20世紀，
其傳承之脈絡極為清晰，並且多出官宦、文人、畫家，所以清代道光年間的書
畫家陸鼎（1756～1838年仍在）在為惲壽平《甌香館集》作序時開宗明義便
說：「毗陵惲氏，世家也」〔註15〕，而徐珂（1869～1928）《清稗類鈔》也說：
「毗陵惲氏多畫師」，「毗陵惲氏，則以一族而多畫」〔註16〕。這是對惲氏家族
的極好概括。

　　在惲氏家族中，以現在有據可查的文化人可追溯到明代成化年間的惲釜，
一直綿延至晚清民國，可謂文脈清晰，家學淵源。有論者指出，「家學也就是
一個家庭或一個家族在學識、道德、行為等方面所具有的連貫性」〔註17〕，在
惲氏家族中，這種「連貫性」集中表現在藝術成就方面。據《中國歷代畫家人
名辭典》所載，惲氏畫家有惲公醇、惲氏、惲本初、惲玉、惲玉珍、惲光業、

〔註12〕張惠言《茗柯文編》，上海書店，1989年。
〔註13〕惲敬《大雲山房文稿》初集卷二。
〔註14〕張澍編纂，趙振興校點《姓氏尋源》，嶽麓書社，1992年。
〔註15〕陸鼎《甌香館集·序》，海昌蔣氏別下齋，清道光二十六年（1844）。
〔註16〕徐珂《清稗類鈔》第九冊，4084～4085頁，中華書局，1984年。
〔註17〕楊旭輝《清代經學與文學——以常州文人群體為典範的研究》，32頁，鳳凰出
　　　　版社，2006年。

惲冰、惲宅仁、惲良洲、惲秉恬、惲采山、惲奎、惲恒、惲彥彬、惲珠、惲羽、惲焯、惲景升、惲楨、惲源清、惲源景、惲源睿、惲輿、惲毓秀、惲毓善、惲毓庚、惲毓德、惲壽平、惲標、惲駿、惲燮、惲懷娥、惲蘭溪、惲馨生等 34 人〔註18〕；而《中國美術家大辭典》所載惲氏書畫家 75 人〔註19〕。他們無一例外都屬常州惲氏家族系統的。另據李寶凱編《毗陵畫徵錄》、李鎮瀛主編《常州書畫家名錄》和秦耕海編著《常州書畫家傳》記載〔註20〕，除上述畫家外，尚有近 35 人惲氏書畫家。在同一個家族中，產生如此眾多的藝術家，時間跨度達五、六百年，這在中國美術史上，是並不多見的。

在惲氏文化名人或書畫家中，惲釜（1484～1556）是惲壽平先祖，為官一方，名滿天下，有詩文集行世；惲壽平曾祖父惲紹芳（1518～1579）是明代詩人，詩風與「後七子」相近；祖父惲應侯（1548～1615）是位學者、書法家；父親惲日初（1601～1678）是清初「心學」派的學者，與黃宗羲同為劉宗周高足；堂伯父惲本初（1586～1665）是學者、畫家，是惲壽平畫學老師；另一堂伯父惲厥初（1572～1652）和堂叔父惲含初（1603～1686）都是當地有名的詩人，有詩文集行世。在惲壽平以書畫家身份出現在文壇以後，惲氏家族中以書畫擅名者層出不窮，其中較為有名者有惲源睿（1692～1763）、惲源桂（1718～1763）、惲毓秀（1732～1800）、惲冰、惲懷英、惲珠（1771～1833）等。他們從明代中期以來便秉承詩書傳家的文化傳統，以筆墨自娛，以家塾式的教育薪火相傳。這種家族的發展既有源於光宗耀祖的普遍心態，也有文化家族的相互砥礪與薰染。有清一代，以惲氏家族為中心的江蘇畫壇，甚至出現「家南田而戶正叔」的現象。在這些書畫家中，不少人有大量的書畫作品行世，成為一筆寶貴的文化遺產，也是中國美術史上一道亮麗的風景線。

另一方面，惲氏家族中，惲壽平之外的多數藝術家幾乎都被遮蔽於惲壽平巨大的光環之下，並不為人所知。基於此，本文在掌握大量史料和傳世作品的

〔註18〕朱鑄禹編《中國歷代畫家人名辭典》，1382～1390 頁，人民美術出版社，2003年。

〔註19〕趙祿祥主編《中國美術家大辭典（下卷）》，1458～1460 頁，北京出版社，2007年。

〔註20〕李寶凱編《毗陵畫徵錄》二卷補遺一卷，常州振群印刷公司，民國 22 年（1933年）；李鎮瀛主編《常州書畫家名錄》，政協常州市文史資料委員會，《常州文史資料》第十四輯，1997 年；秦耕海編著《常州書畫家傳》，中國畫報出版社，2003 年。

基礎上，通過對史料的疏證，釐清惲氏家族自明代中期至清代中期約兩百餘年的發展脈絡與各個藝術家的藝術成就，揭示其家族背景、文化淵源、藝術傳承、藝術成就以及在清代畫壇的影響及其在中國美術史上的意義等等。希望這種考據與立論的研究能有助於學術界從家族背景的角度透視以惲壽平為代表的惲氏家族在明清美術史上的地位。

第二節　惲釜

在惲氏家族中，惲釜無疑是可以追溯到的最早的文化名人。他雖然沒有對以惲壽平為中心的藝術家族產生直接的影響，但在其家族文化的傳承中，尤其是在惲氏文脈的奠定中，顯然具有開山祖的意義。

惲釜（1484～1556）是惲紹芳的從祖，惲氏第 57 世。他字器之，號後溪，弘治十三年（1500）補縣學，十四年（1519）試禮部中式，十六年（1521）與張璁（1475～1539）同中進士，同年謁選授湖北安陸知州，為政清廉秉公，深為民戴，「弗避權貴，守正不阿」〔註21〕。後來，他再赴京師補官，再出任均州知州（今湖北丹江口），如同在安陸州一樣獲得嘉評。嘉靖七年（1528），惲釜擢南京戶部員外郎，不久再升為郎中，調往吏部。他為政剛正不屈，治理有力，時人對他有「無暇之玉，有用之才；無政不善，無官不宜」〔註22〕的稱許。時張璁主政吏部，張璁為浙江溫州人，他認為溫州一直缺乏一個好官來治理，而惲釜正是最適合的不二人選，遂疏陳力薦，因而惲釜得補溫州知府。惲釜赴任後，一如其原來作風，「一以法治，貴遊之私人不得逞」〔註23〕，使溫州得到很好的管理，無論黎民百姓還是吏部官員，都對其給予好評。張璁認為這樣的好官不應再在溫州這樣的小地方屈才，遂再次舉薦惲釜去天府之國的成都任知府。因路途遙遠，年邁體衰，惲釜便以疾病為由告老還鄉，從此結束了長達三十五年的官宦生涯。

惲釜一生的大多數時間雖然都周旋於官場，和大多數官宦人物一樣，在詩

〔註21〕南京師範大學古文獻整理研究所編著《江蘇藝文志·常州卷》，102 頁，江蘇人民出版社，1994 年。

〔註22〕惲紹芳《書後溪公仕略》，惲紹芳《林居集不分卷》，清鈔本，四庫未收書輯存，伍輯 20～770，北京出版社，2000 年。

〔註23〕惲敬《後溪先生家傳》，載惲敬《大雲山房文稿》初集卷三，141 頁，古籍珍本叢刊，續修四庫全書·集部·別集類，上海古籍出版社，1995 年。

文辭賦方面不乏造詣，傳世的《溪堂集》便很能說明問題。

《溪堂集》凡二卷，第一卷為樂府、辭、歌、謠、五言古詩、七言古詩、五言律詩；第二卷為七言律詩、五言絕句、詞、疏、記、序文。該集由其從孫惲厥初編輯刻板。惲厥初認為該集，「樂府諸謠，簡淡沉快，宮詞瀟灑有致」，「近體清適流暢，不習餖飣」〔註24〕，對其評價極高，顯示出惲釜在詩文辭賦方面的不俗表現。

雖然由於傳播不廣，惲釜及其《溪堂集》並未在歷史上產生一定的影響，在已知的惲氏家族的文化傳統中，惲釜起著開一代風氣之先的先鋒作用。在隨後的近五百餘年的惲氏家族的文化傳承中，奠定了基礎。

第三節　惲紹芳

惲紹芳（1518～1579）〔註25〕為惲氏第 59 世，乃惲壽平曾祖父。他初名祖錫，七歲後改名紹芳，字光世，號少南。嘉靖四年（1525），年僅八歲的惲紹芳在其父親的教導下開始讀《易經》，又習舉子業，翌年開始頌《論語》、《孟子》，與文學家王世貞（1526～1590）同為明嘉靖二十六年（1547）進士。他先是授刑部主事，再擢員外郎中，再外轉湖廣按察司事、福建布政司參議等，頗有政聲。和很多士大夫一樣，他不僅僅是一位仕途順暢的官僚，更是一個詩文兼擅的文人。他是當時文壇「唐宋派」的重要代表作家唐順之（1507～1560）的弟子。唐順之亦為常州人，是明代著名的文學家和心學學者〔註26〕，有論者認為「唐順之和薛應旂（1500～1573）對常州文士生活的各個方面影響深遠」〔註27〕，這種近水樓臺式的師承關係無疑對惲紹芳的詩文創作產生重要影響。唐順之之子唐鶴徵（1538～1619）謂其「於古今書無

〔註24〕黃仁生《日本所藏稀見元明文集考證與提要》，90 頁，嶽麓書社，2004 年。
〔註25〕關於惲紹芳生卒年，一般認為是 1528～1579 年，可參見楊臣彬《明清中國畫大師研究叢書·惲壽平》（參見該書 2 頁，吉林美術出版社，1996 年）和葉鵬飛《常州畫派研究》（參見該書 33 頁，江蘇人民出版社，2008 年），實誤，今據惲紹芳《林居集》中《書初年事》文中「正德戊寅年武宗皇帝御極之十有三年予生於二月十有七日」將其生年定為 1518 年。關於惲紹芳生年的正確提法有南京師範大學古文獻整理研究所編著《江蘇藝文志·常州卷》，參見該書 127 頁。
〔註26〕孫彥、周群《大家精要：唐順之》，雲南教育出版社，2010 年。
〔註27〕艾爾曼著，趙剛譯《經學、政治和宗族：中華帝國晚期常州今文學派研究》，29 頁，江蘇人民出版社，1998 年。

所不讀，於古人之旨，無所不窺」〔註28〕，雖然帶有明顯的溢美之辭，但可窺其詩文功底是相當深厚的。同時，惲紹芳在刑部時與文壇名流袁福徵及「後七子」之一的李攀龍（1514～1570）、王世貞（1526～1590）等交遊甚密，因而在文風、詩風受其薰染，相互促進。有論者謂其詩風與「後七子」（另五人分別是謝榛、梁有譽、宗臣、徐中行、吳國倫）相類〔註29〕，自然也就順理成章了。

惲紹芳著述甚豐，有《林居集》、《考槃集》〔註30〕等行世。《林居集》共十二卷，第一卷為五言古詩、七言古詩、五言律詩、七言律詩；第二、三卷為贈序；第四卷為壽序；第五卷為集序、記；第六、七卷為誌銘；第八卷為行狀；第九卷為書；第十卷為祭文；第十一卷為表、啟、詞；第十二卷為贊、箴、跋、策問、雜著。時人陳文燭（1525～？）在其序文中稱其「為文簡潔俊拔，奇古沉雄，不衍而腴，不飾而精，不雕琢而自工，不繩削而自合」，認為其文沒有任何矯揉造作而獨樹一幟，並進一步指出：「立論若賈太傅誼，而寄情八荒之表；敘事若司馬太史遷，而漱潤千古之遺」〔註31〕，將其與西漢的賈誼（前200～前168）、司馬遷（前145～前87後）相提並論，雖然有些言過其實，但據此亦可看出其文在時人眼中的地位。

雖然目前並沒有任何資料顯示惲紹芳有藝術作品（書法或繪畫）傳世，但在其遺存的文集中，我們仍然可以見其藝術素養。關於這一點，可以從其短文《題趙子昂書華嚴行願品後》中看出來：

> 趙承旨書法妙絕古今，而所書《行願品》，尤為中年得意之筆也。天真爛漫，豔人目睫，真有褚登善青鎖瑤姬之態。且佛乘圓頓，華嚴甚極致也，而普賢行願又經中之極致。李長者之論曰，有智無行，處俗不圓，有行無智，無由出俗。又曰，行普賢之行，不染世間名。離世間品事理，無礙稱心之談，如此哉。承旨好以筆妙作佛事，觀

〔註28〕唐鶴徵《惲少南先生林居集序》，惲紹芳《林居集不分卷》，清鈔本，四庫未收書輯存，伍輯20～738。
〔註29〕惲敬《少南先生家傳》，載惲敬《大雲山房文稿》初集卷三，142頁。
〔註30〕《林居集》最早有明崇禎二年（1629）家刻本，《考槃集》則有集部別集類本，後又由惲厥初重輯為《少南先生文集》十五卷，合《林居集》和《考槃集》，並增加部分二書所遺失者，但僅有傳抄本，參見前揭《江蘇藝文志·常州卷》128頁。
〔註31〕陳文燭《少南先生遺稿序》，轉引自黃仁生《日本所藏稀見元明文集考證與提要》，90頁。

者能得佛事而通之，則筆妙之遊戲三昧耳，何如？〔註32〕

趙子昂即趙孟頫（1254～1322），是元代開宗立派的書畫家，因在元仁宗時官至翰林學士承旨，故人們稱其為「趙承旨」。其書宗法二王（王羲之、王獻之），時人評其「篆、籀、分隸、真、行、草書，無不冠絕古今，遂以書名天下」〔註33〕，對後世書法影響極大，可謂承前啟後的一代大家。惲紹芳所言其書法「天真爛漫，豔人目睫」，將趙書中率真、嫵媚的特性概括得恰到好處，深得趙書之精髓。題跋中所言「真有褚登善青鎖瑤姬之態」，「褚登善」即唐代書法家褚遂良（596～659，字登善），與虞世南、歐陽詢、薛稷並稱初唐四大書家，張懷瓘評其書法「若瑤臺青瑣，窅映春林；美人嬋娟，似不任乎羅綺，鉛華綽約，歐、虞謝之」〔註34〕，故惲紹芳有「青鎖瑤姬之態」的說法。他將趙孟頫書法與褚遂良相提並論，顯示出對於趙書的獨到見解。惲紹芳題跋中又言趙孟頫善以「以筆妙作佛事」，並言《華嚴》、《行願》兩佛經各具其妙，「觀者能得佛事而通之」，可看出其對趙書中所蘊涵禪意的深刻認識。

這是現在所見關於惲紹芳在藝術方面的造詣的珍貴文獻。作為以惲壽平為中心的惲氏藝術家族的第一人，惲紹芳的意義是不言而喻的。

第四節　惲應侯和惲應冀

惲應侯和惲應冀為惲氏第 60 世。

惲應侯（1548～1615）是惲壽平祖父，惲紹芳長子，字順德，號學思，由廩生〔註35〕入太學，曾從唐順之之子唐鶴徵（1538～1619）遊。關於他的生平事蹟，史籍並無詳細記載，但在常州博物館收藏有他的書札，可有助於我們瞭解其藝術淵源。該書札共十二通，裝裱在同一手卷中〔註36〕，這是現在所見惲壽平藝術家族中傳世最早的藝術作品。從書風看，書札隨意自然，結體圓潤厚重，頗具學問文章之氣。在惲應侯所處的時代，正是「館閣體」書風較為興盛的時期，惲應侯此書不染時習，獨具一格，反映出深厚的藝術涵養。有論者謂

〔註32〕惲紹芳《林居集不分卷》，清鈔本，四庫未收書輯存，伍輯 20～752，北京出版社，2000 年。

〔註33〕《元史本傳》，引自馬宗霍輯《書林藻鑒》卷十，文物出版社，1984 年。

〔註34〕張懷瓘《書斷》，中華書局，1960 年。

〔註35〕明清兩代稱由府、州、縣按時發給銀子和糧食補助生活的生員，也稱為廩膳生、廩膳生員。

〔註36〕《書法叢刊》1992 年第 2 期總第 30 期，73～75 頁，1992 年 5 月。

其書法「似二王、趙孟頫體為主」〔註37〕，是很有道理的。

　　此外，惲紹芳之侄、也即惲壽平叔祖父惲應冀也有文名。惲應冀（1545～1610）字遠卿，號愚公，更號瑤池，其父惲紹元乃惲紹芳胞弟〔註38〕。他和惲應侯一樣，也是由廩生而入太學，謁選得甘肅安定縣令。他曾於萬曆十三年（1585）修安定縣志，現有《新修安定縣志》七卷存世〔註39〕，並參與重輯高山志，有《重輯高山志》五卷存世〔註40〕，著有《歸與堂詩文集》和《瑤池集》，遺憾的是兩種集子均已失傳。所幸常州博物館藏有其書札卷，可讓我們瞭解其書法藝術。該書札共計六通，亦裝裱在同一手卷中，紙本，縱29釐米、橫74釐米〔註41〕，其書風與前述惲應侯書札卷極為相似，所以有論者評其「學業上上窺經籍，旁及子史，善書法，書學二王，趙子昂體為主」〔註42〕，與對惲應侯品評是一致的。

第五節　惲日初、惲厥初、惲含初

　　惲日初、惲厥初、惲含初為惲氏第61世。

　　惲日初（1601～1678）乃惲壽平之父，惲應侯子，字仲升，號遜庵、黍庵，崇禎六年（1633）鄉試副榜貢生。惲日初所處的時代，正是明亡清興之時，社會動盪，風雨飄搖，因而注定其一生都是在漂泊流離中度過。崇禎十一年（1638），惲日初與黃宗羲（1610～1695）、楊廷樞（1595～1647）、方文（1612～1669）、冒襄（1611～1693）等140人聯名聲討阮大鋮（1587～1646），並在南京公布《留都防亂公揭》〔註43〕；崇禎十六年（1643），久留京師的惲日初應詔上《備邊五策》（一作《守禦十策》）〔註44〕，結果不報。心灰意冷的惲日

〔註37〕秦耕海編著《常州書畫家傳》，24頁，中國畫報出版社，2003年。

〔註38〕秦耕海編著《常州書畫家傳》誤將其作為惲紹芳子，參見該書23頁。

〔註39〕此縣志由惲應冀修，張嘉孚纂，有萬曆二十五年（1597）刻本，參見前揭《江蘇藝文志·常州卷》139頁。今有《安定縣新志》六卷，蘭州古籍書店，1990年。

〔註40〕此書最早由顧世登、顧伯平輯，後由惲應冀重輯，有萬曆三十六年（1608）原刻本和道光二十九年（1849）、民國二十六年（1937）重刻本。

〔註41〕《書法叢刊》1992年第2期總第30期，70～72頁，1992年5月。

〔註42〕秦耕海編著《常州書畫家傳》，23頁。

〔註43〕冒廣生編《冒巢民先生年譜》，轉引自張慧劍《明清江蘇文人年表》，536～537頁，人民文學出版社，2008年。

〔註44〕張慧劍《明清江蘇文人年表》誤作「1641年」（參見該書556頁），現以惲敬《遜庵先生家傳》為準。

初知時事不可為，便回到家鄉。後來，為避亂世，他攜書三千卷，隱居於浙江天台山中。順治三年（1646），北京、南京先後淪陷於清軍之手，唐王朱聿鍵立於福州，魯王朱以海亦監國紹興，吏部侍郎姜垓（1614～1653）舉薦惲日初為知兵，魯王派遣使臣到山中來聘請他，而他當時知大勢已去，無可作為，遂堅持謝絕了出山之請。順治二年（1645），清兵大舉攻下浙江，惲日初則避走福州；後福州又被攻破，遂再避走廣州；廣州復破，無處可避，乃與當時很多既不願降清為官、也無必要殊死抗爭的文人士大夫一樣，選擇了祝髮逃禪，釋名明曇，過著亦儒亦釋的生活。後來，他從廣州回到了建陽。

當是時，清軍以勢如破竹之勢席捲浙江、福建、廣東三省，唐王被執死，魯王亦敗走海外，廣東的何騰蛟（1592～1649）、江西的楊廷麟（1596～1646）等均舉抗清大旗而先後破滅。在浙江的明朝遺老遺臣及部分殘兵敗將聚集起來，在金壇人王祈的帶領下進入建寧，周圍各縣均紛紛響應。於是，建陽數百士民聚集在惲日初門前，希望他能出來領導大家，他不得已來到建寧見王祈，對王祈說，建寧是進入福建的門戶，如果能鎮守著則諸郡安，但要守住建寧，必須要攻下仙霞關，而要攻取仙霞，則必須要先取浦城。這時，其長子惲楨剛好從常州來到建寧，他遂派遣惲楨隨副將謝南雲去攻打浦城，因失利而戰死。而御史徐雲兵接連攻下數州縣，銳不可當。惲日初游說他夜襲浦城，當時正好是大雷雨，人馬在泥淖中緩行，到達城下的時候，已經是黎明了，因而不戰而敗北。順治五年（1648），清軍的總督陳錦、張存仁、侍郎李率泰帶領重兵六萬來圍攻建寧，永明王派遣兵部尚書揭重熙趕來增援。固執的惲日初上書揭重熙，請其再次攻取浦城，截斷仙霞嶺的運糧之道，再與圍中諸將夾擊清軍。揭重熙抵達邵武，隊伍在清軍的阻擋下無法繼續前進。這樣，建寧便被清軍攻破，王祈力戰死，惲日初收羅了部分殘兵敗走廣信（今江西上饒），不久再進入被清軍封禁的大山中。數月後，糧草殆盡，無可奈何的惲日初感喟道：「天下事壞散已數十年，如何救正。然莊烈帝殉社稷，普天率土，切齒腐心。小臣愚妄，謂即此可延天命，今乃至此！徒壽百姓，何益？」〔註45〕這次真正感受到窮途末路、大勢已去，於是，他遣散了眾兵，獨自回到了家鄉常州。

〔註45〕惲敬《遜庵先生家傳》，載惲敬《大雲山房文稿》初集卷三，144 頁。又，李元度《國朝先正事略》卷四十六亦載此事，但文字稍有相異，「如何救正」此書為「不可救正」，「普天率土，切齒腐心」此書為「薄海茹痛」，參加該書1178頁，嶽麓書社，1991 年。

　　不久，堅持抗戰的張煌言（1620～1664）和鄭成功（1624～1662）圍攻江寧而敗走，坊間有人訛傳張煌言之弟張鳳翼乃惲日初門人，藏匿在其家中，縣官遂將其收捕，惲日初並無懼色，只是平淡地說：「吾當死久矣」〔註46〕，不久，此事得以澄清並獲得自由。

　　縱觀惲日初的一生，不難看出其為時事所困、為國難所繫的動盪生活，這正是天崩地坼時代的文人們的共同宿命。在這樣大環境下，獨立書齋、安靜地從事文學、藝術的創作幾乎是不可能的。但即便如此，我們仍然可以看到一個詩文傳家、藝術淵源有自的惲日初形象：

　　惲日初年少時與文壇名流楊廷樞、錢禧交遊，康熙十年（1671），還與江西的魏禧在毗陵訂交。當時，同里張瑋在時任左都御史的劉宗周（1578～1645）手下任副職，遂引薦惲日初拜於劉宗周門下。劉宗周是當時的學界名流，被稱為明代最後一位儒學大師。在其門下研學，惲日初學問日進，因而「為文章縱麗，於百氏無所不窺，猶喜宋儒書」〔註47〕。他從建寧回到常州後，著僧服講學於常州的道南學院，「言學者多宗之」〔註48〕，一時影響甚巨。無錫高世泰重修東林書院，惲日初參與其間，一道講學論學。高世泰乃東林學派的重要代表人物，是東林黨領袖高攀龍（1562～1626）從子，在學界享有很高的聲望。惲日初與其重開東林書院，在當時是一件轟動學界的盛事。常州府知府駱鍾麟〔註49〕屢次欲求見，都被惲日初所謝絕，直到鍾氏去官後方得一見，兩人交談《中庸》要領，滿意而去，對人說：「不圖今日得聞大儒緒論也」，足見其對惲日初推崇之至。

　　惲日初著述宏富，可惜不少著作已經失傳。這些失傳的著作主要有《見則堂四書講義》、《野乘》五卷、《駁陸桴亭論性書》一卷、《劉子節要》十四卷、《不遠堂詩文集》、《見則堂古文集》等數種，現傳世的著作有《續證人社約誡》一卷、《惲遜庵先生遺集》一卷、《惲仲升文稿》、《遜庵詩文集》、《惲遜庵先生文稿》等〔註50〕。據此可看出惲日初在詩文及學術上的造詣。

　　惲日初兼擅書畫。惲敬稱其「以枯墨作山水，殊古簡，然非作家」〔註51〕，

〔註46〕惲敬《遜庵先生家傳》。
〔註47〕惲敬《遜庵先生家傳》。
〔註48〕李元度《國朝先正事略》卷四十六。
〔註49〕李元度《國朝先正事略》卷四十六誤作「駱鍾泰」，今從惲敬《遜庵先生家傳》。
〔註50〕南京師範大學古文獻整理研究所編著《江蘇藝文志・常州卷》，204～205頁。
〔註51〕惲敬《南田先生家傳》。

說明其畫格調較高，屬文人畫的範疇。可惜現在尚未發現有繪畫作品傳世。今有論者稱其山水畫「枯木寒山，古意渾穆，筆墨簡而有生趣」〔註52〕，不知何據，疑為是對惲敬評語的進一步詮釋與演進。惲日初尚與當時的畫壇名流有過交往，康熙十一年（1672），常熟畫家楊晉曾專門為惲日初寫像，並由另一畫家王翬補圖〔註53〕。

在浙江省博物館收藏有一件他書於康熙元年（1662）的《行書祭祝開美詩札卷》，但有專家認為是其子惲壽平代筆〔註54〕。從風格看，和惲壽平一貫的書風如出一轍。

惲日初同時也喜碑帖鑒藏。他曾收藏過《柳跋十三行》。「十三行」是王獻之所書《洛神賦十三行》的簡稱，原跡已經失傳，唐代有很多摹本，其中柳公權題跋本被稱為《柳跋十三行》。惲日初所藏版本為宋拓本，乃拓本中最善本，金石學家張廷濟（1768～1848）稱其為「當與唐本在伯仲間」〔註55〕，足見其珍善之處。據此亦可看出惲日初的鑒藏眼力與審美素養。

惲日初雖然以學問文章見稱於世，但就其兼擅書畫的記載可看出，作為惲壽平的父親，他已經顯露出藝術方面的才能。

惲厥初（1572～1652）乃惲應侯之弟、惲應雨之子，與惲日初為堂兄弟，也即為惲壽平堂伯父。他字伯生，號衷白，又號知希居士，萬曆三十二年（1604）進士，由行人轉戶部主事。天啟元年（1621），他以兵部主事身份領取上方寶劍赴四川平亂。次年，權傾一時的魏忠賢（1568～1627）以其子魏良卿敘慶陵功，以廕補指揮事，惲厥初為避免與其共事，遂以託辭請外補，並得以補浙江按察副使，再轉福建右參議，擢湖廣按察使。

崇禎二年（1629），清軍從遵化州侵入，京師戒嚴，惲厥初率領三千精兵勤王。這一時期，各省兵馬結集，糧草不繼，沿途對當地多有騷擾，唯獨惲厥初所率軍隊備足三月軍餉，兵部尚書梁廷棟在檢閱部隊後，對皇帝上奏曰：「惲厥初並非書生，大將才也」〔註56〕，顯示出他在統領軍隊方面的傑出才能。崇禎帝專門派內侍勞且向惲厥初請教治兵方略。他一一具呈利害，講明當時的嚴

〔註52〕秦耕海編著《常州書畫家傳》，29頁，中國畫報出版社，2003年。
〔註53〕趙懷玉《亦有生齋集》文九，轉引自張慧劍《明清江蘇文人年表》，768頁。
〔註54〕中國古代書畫鑒定組編《中國古代書畫目錄（第六冊）》，8頁，文物出版社，1993年。
〔註55〕張廷濟《清儀閣題跋》，清光緒十九年（1893）刻本。
〔註56〕惲敬《衷白先生家傳》，載惲敬《大雲山房文稿》初集卷三，143頁。

峻形勢並提出對策。但當時各種矛盾叢生的晚明政府並未採納其建議，兵部依然一意孤行地執行既定的方略。萬念俱灰的惲厥初遂以疾病告老還鄉。後來，京城失守，明朝江山落入清軍之手，福王在南京稱帝，召惲厥初為光祿寺卿。他面對明朝內憂外患、權臣傾軋的局面，喟然曰：「疆場無勝算，而朝黨日爭，時事可知」〔註57〕，便謝絕了福王的徵召，仍然在鄉里過著隱居的生活。

　　惲厥初是惲氏家族中在仕途上職位最顯者。史載其具有傑出的軍事才能，「曾督兵勤王，軍容甚盛」〔註58〕，但他和當時所有懷有雄才大略的士大夫一樣，在國運衰微、政局紛亂的形勢下，無法施展自己的治國方略，只好回到故里。他在故鄉，常常以佛教的禪語示人，因而虞山錢陸燦來看他的時候，把他比作張無盡。其實，這是惲厥初不得已而為之的事。

　　惲厥初隱居後，閉門謝客，以讀書賦詩自娛。有論者謂其擅繪事，「畫宗董源，惲格少時曾師事之」〔註59〕（關於惲格（壽平）師承的問題，後文將述及），實則是誤傳。此語是與惲敬所撰《香山先生家傳》混淆〔註60〕。實際上，關於惲厥初擅繪事的說法並未出現在時人的任何記載中，更沒有畫作傳世，今人有關繪事的說法，都是以訛傳訛的結果。

　　惲厥初也是一個文人，以詩文見長，著有《素園集》（乃《徵草》、《歸舟草》、《感懷集》合集）、《知希庵稿》（詩文各二冊）等，可惜均已失傳。他尚編有《蘭陵惲氏家集四種》，分別為惲釜所著《溪堂集》二卷、惲紹芳所著《考槃集》四卷、《林居集》十二卷（存九卷）、惲厥初所著《感懷詩》一卷，今收藏於中國科學院圖書館和浙江省圖書館。

　　惲厥初傳世的書法扇面，有一首書贈「仲來詞長」（待考）的七言律詩，可窺其詩風之一斑：

〔註57〕惲敬《袁白先生家傳》。
〔註58〕惲祖祁《毗陵惲氏家乘》（前編卷十八），《先世著述考略》，轉引自葉鵬飛《常州畫派研究》，34 頁。
〔註59〕南京師範大學古文獻整理研究所編著《江蘇藝文志·常州卷》，157 頁；前揭秦耕海編著《常州書畫家傳》，29 頁。
〔註60〕李鎮瀛主編《常州書畫家名錄》「惲厥初」條也稱「畫宗董源，惲格少時曾師事之」，並謂出處乃惲敬撰《家傳》、《大雲山房稿》（參見該書 59 頁，政協常州市文史資料委員會，《常州文史資料》第十四輯，1997 年），查惲敬《袁白先生家傳》並無此語，反而在《香山先生家傳》中有謂惲向「畫宗董源，惲格少時曾師事之」之語，足見其乃張冠李戴之誤。各種謂惲厥初擅繪事之書（文），均以訛傳訛，並源於此，前揭秦耕海編著《常州書畫家傳》（參見 29 頁）也如此。

　　　　環堵依然在水隈，秋風著屐過蒼苔。林堂晝靜鳥聲澗，度壑寒
深樹影開。酒對清尊心共遠，題看舊壁首重迴。蒹葭一望伊人杳，
白眼何須更浪猜〔註61〕。

　　從此詩雖然不能見其文學成就，但大致可看出其獨抒性靈、不落古人窠臼
的詩風。

　　惲含初（1603～1686）是惲紹芳之孫、惲應明之子、惲向（本初）之弟、
惲壽平之堂叔父。他又名於邁，字涵萬，號建湖，崇禎時為順天府學貢生，廷
試以推官知縣用，明亡後出家為僧，雲遊四方以終老。

　　惲含初亦有詩文集刊行，著有《楚天西詩草》一卷、《草堂明月吟》一卷
及《退耕堂詩草》等，所憾均已失傳。雖然我們沒有機會讀到其詩文，但從文
獻記載中可看出其所具有的深厚的文學造詣。

　　惲紹芳、惲應侯、惲應冀、惲日初、惲厥初、惲含初等惲氏五十七世、五
十九世、六十世、六十一世等五代時間上跨度達二百餘年，家族傳承明晰。在
對他們的考察中，不難看出其以詩文傳家的家族文化傳統。在這種文化傳承
中，已漸露中兼擅書畫的藝術徵象。隨著惲向、惲壽平及其他惲氏子弟的出現，
這種藝術徵象逐步走向前臺，成為以惲南田為主角的惲氏家族的主要特徵。正
是這一點，將是本文重點探討的主題。

〔註61〕惲格著，秦耕海校注《惲南田文集（下）》，641 頁，中國文聯出版社，2008 年。
　　　該詩錄自惲厥初書法扇面，題為《光祿公詩扇》，但此扇為何書體及收藏單位，
　　　該書中並未說明。

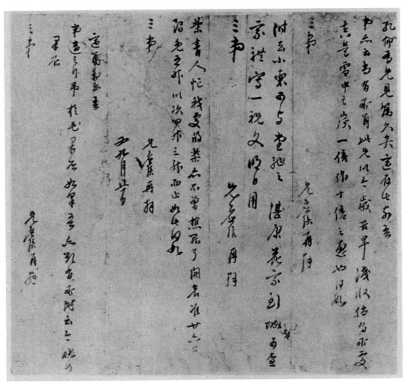

圖 1-1　明‧惲應侯《行書書札》之一，紙本，29×110 釐米，常州博物館藏

圖 1-2　明‧惲應侯《行書書札》之二，紙本，29×110 釐米，常州博物館藏

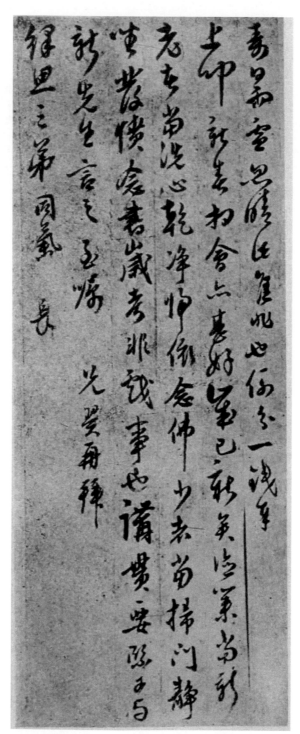

圖 2-1　明・惲應翼《行書書札》之一，紙本，29×74 釐米，
　　　　常州博物館藏

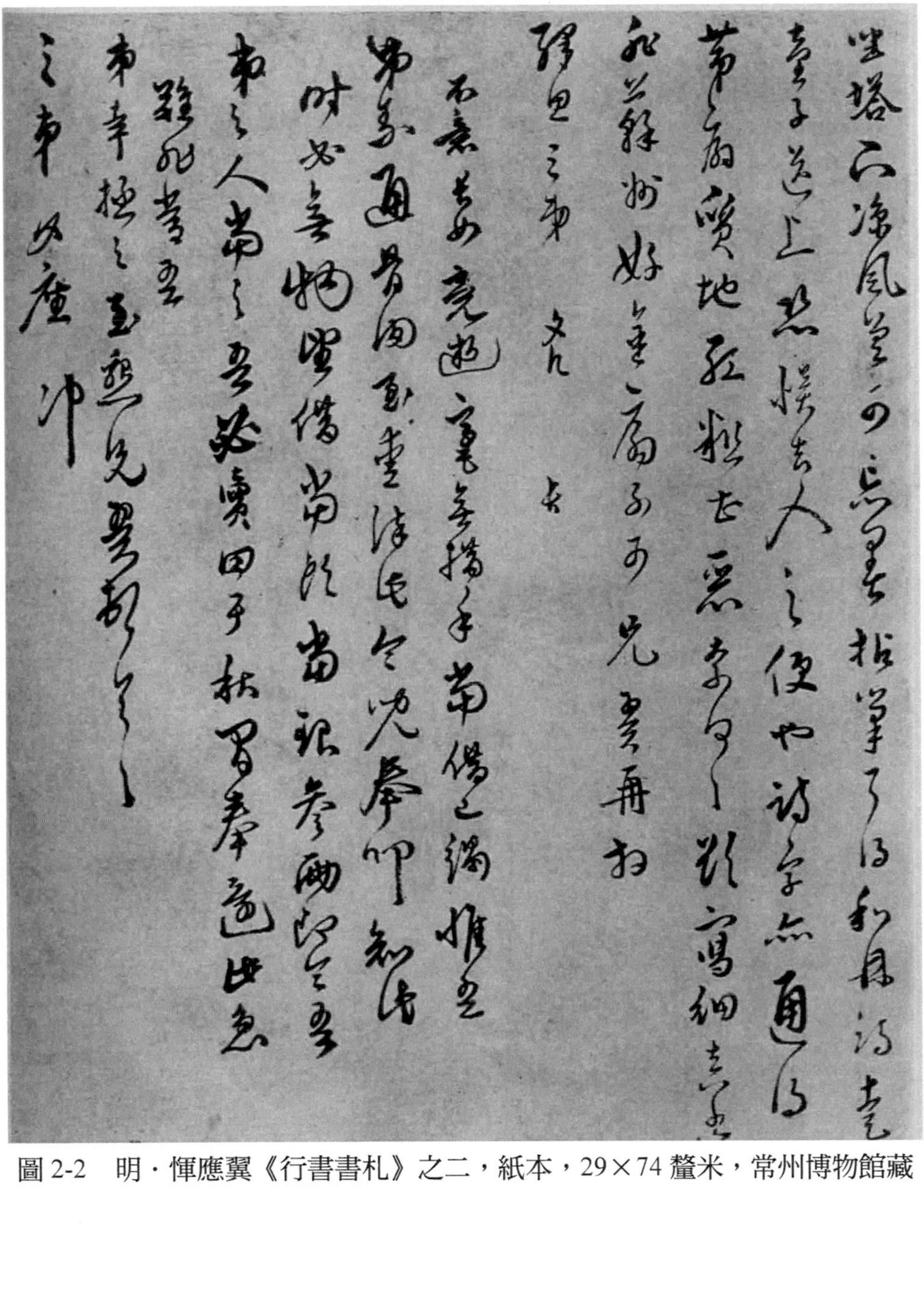

圖 2-2　明・惲應翼《行書書札》之二，紙本，29×74 釐米，常州博物館藏

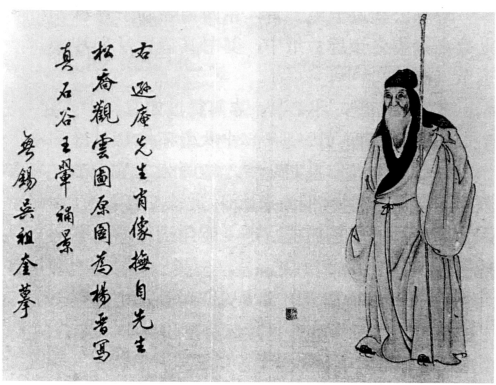

圖 3　吳祖奎摹《惲遜庵先生像》，選自《惲南田書畫研究》

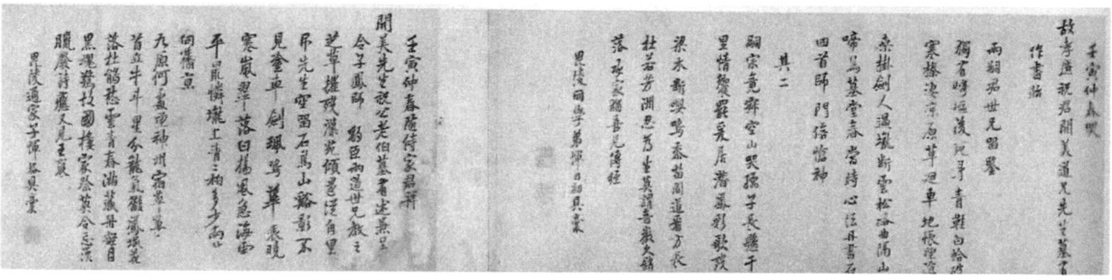

圖 4　明·惲日初《行書祭祝開美詩札》，紙本，23.5×101.3 釐米，1662 年，
　　　浙江省博物館藏

第二章　惲氏家族繪畫第一人：惲向

惲向（1586～1655）[註1]是惲氏家族中最早擅長繪畫且有作品傳世者。他在惲氏藝術家族中的意義在於：他是惲氏家族中從詩禮傳家過渡到以藝術傳家的關鍵人物，是家族轉型期的先驅。他不僅是一個身體力行的繪畫創作者，更是一個在畫學思想、創作理論方面有所建樹的理論家。他不僅是後來享譽畫壇的書畫大家惲壽平的叔父兼老師、惲氏藝術家族中以繪畫名世的第一人，而且在晚明清初時期的山水畫創作中具有一定的代表性。因此，考察惲向及其藝術成就，便成為惲氏藝術家族研究不可繞過的一座分水嶺。

〔註1〕關於惲本初生卒年，現據惲敬《香山先生家傳》所言「卒於順治十二年，年七十」推出，南京師範大學古文獻整理研究所編著《江蘇藝文志・常州卷》（參見該書第196頁）、劉九庵編著《宋元明清書畫家傳世作品年表》（參加該書第413頁，上海書畫出版社，1997年）、潘茂《常州畫派》（參見該書第121頁，吉林美術出版社，2003年）、秦耕海編著《常州書畫家傳》（參見該書第29頁）、汪慶柏編著《清代人物生卒年表》（參見該書第581頁，人民文學出版社，2005年）、張彬編著《中國古今書畫家年表》（參見該書第111頁，文物出版社，2006年）、秦耕海《惲南田先生年譜稿》（惲格著，秦耕海校注《惲南田文集（下）》，第910，中國文聯出版社，2008年）及張慧劍《明清江蘇文人年表》（參見該書第668頁，人民文學出版社，2008年）等所言生卒年即源於此。唯溫肇桐《惲南田先生年表》（參見溫肇桐《清初六大畫家》，第36頁，香港崇明出版社，1976年）及前揭楊臣彬《明清中國畫大師研究叢書・惲壽平》（參見該書第3頁）和葉鵬飛《常州畫派研究》（參見該書第33頁）將其卒年定為1665年，不知何據，疑為誤植。

第一節　惲向藝術歷程

　　惲向，原名本初，字道生，又字曙臣〔註2〕，號香山老人，江蘇常州人。其父惲應明（1553～1641）乃惲應侯胞弟，而惲應侯（1548～1615）是惲壽平祖父，字順德，號學思，由廩生入太學，曾從唐順之之子唐鶴徵（1538～1619）遊。惲向一生在仕途上並無建樹，只在萬曆三十四年（1606）補常州府學附生，以例貢國子監，在京城居住三十年而未遇升遷機會。直到崇禎十七年（1644），他舉賢良方正，得以除內閣中書，後來棄官歸里。回到常州後，專心書畫，並更名向〔註3〕，後遂以「惲向」之名馳名畫壇。在回歸故里直到終老的十數年間，惲向一直潛心繪事。

　　在惲向交遊的畫友中，由於資料的闕如，目前所知僅有楊文驄、張學曾、楊補、紀映鍾、周亮工等。

　　楊文驄（1596～1646），字龍友，貴州人，流寓金陵（今南京），擅詩文書畫；張學曾，字爾唯，號約庵，山陰（今浙江紹興）人，官蘇州知府，擅畫山水。楊文驄與張學曾同與董其昌、程嘉燧、卞文瑜、邵彌、李流芳、王時敏、王鑒並稱「畫中九友」；楊補（1598～～1667），字無補，號古農，祖籍臨江（今江西清江），生於吳，後為長洲（今江蘇吳縣）布衣，工詩善畫，以山水見長，師法黃公望。惲向在其《仿古山水圖冊》（中國國家博物館藏）中提及：「余性不耐小巧。近來與龍友、無補、仲升輩相談，遂時為之，入其室如蠶吐絲，不自知其密，而不工不密不休也」〔註4〕，其中言及之「龍友」、「無補」即為楊文驄和楊補。

　　紀映鍾（1609～1681）〔註5〕，字伯紫，江蘇江寧人，為清初詩人及書法家，著有《真冷堂詩稿》、《憨叟詩鈔》等，惲向曾有《題自作畫與紀伯紫》。

　　周亮工（1612～1672），字元亮，別號櫟園，學者稱櫟園先生、櫟下先生，

〔註2〕見所作《仿米海嶽雲山圖》及《沉入秀出圖》鈐印，引自張光賓《惲向的山水畫——兼析世傳黃潛本富春圖與惲向山水畫的關係》，《故宮學術季刊》第一卷第三期，1984年。

〔註3〕周亮工《讀畫錄》稱其「惲道生向，後更字香山」，參見該書卷一，于安瀾編《畫史叢書（五）》，上海人民美術出版社，1963年，第13頁。

〔註4〕惲向《仿古山水圖冊》，中國國家博物館藏，中國古代書畫鑒定組編《中國繪畫全集·第17卷明8》，浙江人民美術出版社、文物出版社，2000年，第31頁。

〔註5〕汪世清《藝苑疑年叢談·增補版》，石頭出版股份有限公司，2008年，第207頁。

原籍河南祥符（今開封），後移居金陵（今南京），擅繪事、篆刻，工詩文，著有《賴古堂集》、《讀畫錄》等。在其《讀畫錄》中，專門有一條目論及惲向〔註6〕，而惲向亦有《題自作畫與周櫟下》。

　　雖然仕途乖蹇，但在惲氏家族中，惲向卻是第一個以繪事知名者，有論者謂「惲氏作畫，自香山先生始」〔註7〕，將其作為惲氏藝術家族的開山之祖，顯然地位不可小覷。

　　和惲氏祖輩一樣，惲向同樣以詩文傳家。他著有《香山詩鈔》、《香山近詩》二卷、《汝陰詩》等，可惜均已失傳。他同時還著有《畫旨》四卷，據周亮工《讀畫錄》記載，身兼知府與畫家身份的惲向好友張學曾曾囑孫阿匯作序並梓行，「香山去世，梨棗遂不可問」〔註8〕。現在也無法找到當時的刻本，清朝乾隆年間詩人兼畫家陳撰（1678～1758）所編的《玉几山房畫外錄》收錄有惲向的題畫錄若干則〔註9〕，可反映出他在畫理、創作及審美等方面的見解，是瞭解惲向藝術思想的重要資料。

第二節　惲向的畫學思想

　　惲向的畫學思想，集中體現在《玉几山房畫外錄》所收惲向題畫錄和惲向傳世作品之題跋中。從這些零星的題畫語錄中，我們可以勾勒出一個山水畫家的畫學脈絡與思想軌跡。

　　在《玉几山房畫外錄》中，共收錄惲向題畫錄36則，除一則為《題郭河陽畫》外，其他的均為題自作畫。在其傳世作品中，也多有題畫小句；而歷代著錄惲向之作品中，亦不乏題畫短句。這些題畫語句，反映其藝術理念及作畫心得。就目前所掌握的近百條惲向畫語錄中，大致可歸納為三種類型：

　　一是對前賢繪畫的品評。這些品評語句大多出現在惲向畫作中，因此可看作是其師法前賢的精髓所在。如在其《仿古山水圖冊》（中國國家博物館藏）之一中題道：「梅道人學巨然，而疏宕過之，單取濃至則失之矣。」〔註10〕這

〔註6〕周亮工《讀畫錄》卷一，第13頁。

〔註7〕惲敬《南田先生家傳》，載惲敬《大雲山房文稿》初集卷三，第145～146頁。

〔註8〕周亮工《讀畫錄》卷一，第13頁。

〔註9〕陳撰編《玉几山房畫外錄》卷下，鄧實、黃賓虹編《美術叢書》初集第八輯，江蘇古籍出版社，1986年影印本。

〔註10〕惲向《仿古山水圖冊》，中國國家博物館藏，中國古代書畫鑑定組編《中國繪畫全集·第17卷明8》，浙江人民美術出版社、文物出版社，2000年，第150頁。

既是分析吳鎮（1280～1354）山水畫的得失，也是提醒自己在畫中試圖規避這種過分「疏宕」之弊。事實上，在這件惲向本人的山水畫中，惲向正在做這樣的努力。惲向的這類品評前賢的畫語錄，既可看出其價值取向，亦可折射出他的畫學理念。如《仿子久》曰：「嘗見子久山色全體古澹，不作分明，圭角如舊，墨色漸少黑氣，而意甚流暢，然則所謂古人全用重墨者，又不盡然也，群龍無首，當於此處得之」〔註11〕，表面上是評黃公望（1269～1354）山水畫，實則是探討筆墨問題；再如《仿巨然》曰：「巨然峻嶒兀岸，筆法大而不秀，此稍以王蒙法入之，當於紙墨外另尋神氣可焉。《爾雅》所載有名精者、有名周盈者、名延年者，各莖體香甚殊，而實則陶潛籬下本。故畫各家，不論似否當存，其氣清而味洌」，則是在探討氣韻問題。這種以品評前賢畫作的形式來闡述自己的觀點，是古代很多畫論家常用的批評模式，在惲向為數不多的畫語錄中，這種題句佔據一半以上。

　　二是對山水畫畫理的解析，同時也反映出惲向山水畫創作的觀念。這對於瞭解其藝術風格無疑具有重要的參考價值。如《仿夏圭》曰：「南北派雖不同而致，各可取而化。故予於馬夏輩亦偶變而為之，譬如南北道路，俱可入長安，只是不走錯路可耳」，這很形象地說明其創作理念是「取而化」，至於是師法哪一派，則並不重要；再如《學李成》曰：「畫家以簡潔為上。簡者，簡於象而非簡於意。簡之至者，縟之至也；潔則抹盡雲霧，獨存孤貴翠黛，煙鬟斂容而退矣。而或者以筆之寡少為簡，非也。虢國夫人夜遊，群徒如水，豈惡其多？嚴禧與許由為友，蜀之嚴道人隱雅州，應曜隱居淮上，與四皓同徵而不出摯峻，隱於汧山，司馬□以書招之，不從牛勞。魏郡夫人立志不與光武交，其風節又峻於子陵矣。假令史家逸事俱見巢父之徒，古今豈少，又安得謂巢父逸而諸公且礙巢父一席地乎？予嘗以畫品高貴在繁簡之外，世尚無有知者」，以生動的歷史事例詳解畫之「簡」的深刻道理，可謂層層剖析，微言大義。

　　三是對「逸品」的界定與解讀。關於「逸品」之畫，歷代畫家都有不同的理解。在惲向看來，「逸品之畫，筆似近而遠，愈甚似無，而有愈甚。其嫩處如金，秀處如鐵，所以可貴，未易為俗人言也」（《題自作畫與周櫟下》），這是從用筆的角度談論「逸品」；他同時認為：「逸品之畫以秀骨而藏於嫩，以古心

〔註11〕陳撰編《玉几山房畫外錄》，鄧實、黃賓虹編《美術叢書》初集第八輯，江蘇古籍出版社，1986 年影印本。以下關於惲向畫論之出處，如無特別說明，均源於此。

而入於幽，非其人，恐皮骨俱不似也。逸品變化多端，他日當為學者窮其妙」
（《仿雲林逸品》），則是從繪畫者本體的角度來談論「逸品」。在「逸品」之中，
自然會涉及「簡潔」的問題，關於這一點，惲向指出：「畫家以簡潔為上，簡
者簡於象而非簡於意。簡之至者，縟之至也。潔則抹盡雲霧，獨存孤貴，翠黛
煙鬟，斂容而退矣。而或者以筆之寡少為簡，非也。」〔註12〕惲向特地提出「簡
於象而非簡於意」的論點，這與其晚年繪畫中的筆簡而意饒的風格一脈相承。
但凡逸品之畫，大多較為簡潔，而意境深遠，惲向的畫論及其藝術實踐，正好
印證此點。

　　當然，關於惲向畫論的內容還可歸納出很多，也有論者對其畫論的內涵做
過詳解〔註13〕，此不贅述。但有一點需要說明的是，在惲氏家族的畫家中，從
惲向開始，便是一個兼具創作與畫論的藝術家。隨後，惲壽平也很好地繼承了
這個傳統，成為惲氏藝術家族的特色之一。

第三節　惲向的繪畫成就

　　惲向以山水見長。迄今為止，尚未發現他的其他題材繪畫。即使作為山水
的襯景，人物或花卉也是極為少見的。曾隨其習畫的惲壽平早年也以山水畫見
長，便是受其影響。

　　惲向山水畫源流最早可追溯到董源、巨然，晚年則浸淫於「元四家」之倪
瓚、黃公望風格之中。雖然一生藝術活動中，摹古、仿古是一直不離不棄的藝
術追求，但其畫並非均為前人的影子。在現存的六十餘件畫作中，不難看出其
從古人中來，但同時師法造化，形成自己古韻盎然而又不乏個性的畫風。在惲
向所處的時代，就有論者對其有過不俗的評價：

　　藍瑛、謝彬纂輯《圖繪寶鑒續纂》稱其「懸筆中鋒而有力，用墨濃濕不濁，
但覺近於奇癖耳」〔註14〕，認為在筆法及用墨方面都有其獨到之處，甚至達到
「奇癖」的地步，說明惲向在筆墨方面頗具工夫。

〔註12〕高居翰《山外山：晚明繪畫（一五七○～一六四四）》，石頭出版股份有限公司，
　　　　1997年，第188頁。
〔註13〕黃亮《解讀惲向畫論的內涵》，《江西教育學院學報（社會科學）》，2009年8
　　　　月，第30卷第4期。
〔註14〕藍瑛、謝彬纂輯《圖繪寶鑒續纂》卷二，于安瀾編《畫史叢書（二）》，上海人
　　　　民美術出版社，1963年，第21頁。

周亮工《讀畫錄》認為：「香山（惲向）如老將橫刀砍陣，筆墨所到，山不暇樹，雲不暇懶，沈啟南後一人也」〔註15〕，將其山水畫與沈周（1427～1509）相提並論，雖然有些言過其實，但可反映出時人對其推崇的程度。

姜紹書輯《無聲詩史》中說惲向「畫精六法，有解衣磅礡之趣，遊屐所至，名流倒屣」〔註16〕，說明惲向深研六法，畫風頗有氣勢，在當下受到「名流」追捧。

徐沁《明畫錄》則講到其繪畫源流：「畫山水全師子久，蒼老雄渾，運筆處悉以草聖書法相通。生趣勃勃，真士家最勝一流也」〔註17〕，稱讚其畫以草書入畫，為「士家最勝一流」，顯然是當時極高的評價。

在時人之外，清代的鑒賞家、學者和書畫家也對其給予較高的評價，現則其一二。

乾隆時期的畫家兼史論家張庚（1685～1760）在其《國朝畫徵錄》中說，惲向「工山水，學董、巨二家法，懸筆中鋒，骨力圓勁，而用墨濃濕，縱橫淋漓，自成一家；晚乃斂筆於倪、黃」〔註18〕，在探究其畫學源流之外，盛讚其筆墨氣韻：「縱橫淋漓，自成一家」。

晚清書法家、金石學家楊峴（1819～1896）所編《遲鴻軒所見書畫錄》稱其「山水小卷，禿筆細寫，形如草篆，為暮年惜墨如金所作」〔註19〕，則從書法的角度評其晚年的山水筆法。

類似的評價還有很多，此不贅述。

當然，時人的評價中，不乏個別友朋間的相互砥礪與溢美，但普遍的讚譽則大致可說明這樣一個史實：在當時名流與大家雲集的江蘇畫壇（甚至整個主流畫壇），惲向以其獨特的山水畫，享譽一時，既成為當時復古主義畫風中重要的一員，同時也是惲氏藝術家族的佼佼者。

時人宋犖（1634～1713）將惲向的繪畫分為早年和晚年兩種，認為「氣厚

〔註15〕周亮工《讀畫錄》卷一，第 13 頁。

〔註16〕姜紹書輯《無聲詩史》卷四，75 頁，于安瀾編《畫史叢書（三）》，上海人民美術出版社，1963 年，第 21 頁。

〔註17〕徐沁《明畫錄》卷五，62 頁，于安瀾編《畫史叢書（三）》，上海人民美術出版社，1963 年，第 21 頁。

〔註18〕張庚《國朝畫徵錄》卷上，11 頁，于安瀾編《畫史叢書（三）》，上海人民美術出版社，1963 年，第 21 頁。

〔註19〕楊峴《遲鴻軒所見書畫錄》卷四，中國書畫全書編纂委員會編《中國書畫全書（十二）》，上海書畫出版社，2000 年，第 64 頁。

力沉，全學董源」，為早年的風格；「惜墨如金，翛然自遠，意興在倪、黃之間」，為晚年的風格〔註20〕。傳世的惲向作品，雖然數量不多，且絕大多數並未署年款，但大致亦可看出其不同時期的藝術風格。

　　據不完全統計〔註21〕，惲向的傳世作品大約有六十件（套），其中山水畫五十九件，書法一件。這些作品中，明確署有年款者有二十一件，其他署款不詳或未署年款者三十三件。

　　惲向享壽七十歲，如果以五十歲為分界線（即1635），並結合其畫風，可將其繪畫劃分為早期和晚期兩個階段。

　　早期的作品僅有五件。其中，最早的是作於萬曆四十三年（1615）的《春雨迷離圖》（一名《晴雲亂飛圖》，北京故宮博物院藏），時年作者三十歲；其他的四件分別是作於崇禎三年（1630）的《仿關全山水圖扇》兩件（北京故宮博物院藏）、崇禎五年（1632）《董巨遺意圖》（常州市博物館藏）、《寒林圖》（北京故宮博物院藏）。

　　晚期的作品有十六件。其中，最晚的是作於順治十一年（1654）的《秋亭嘉樹圖》（臺北故宮博物院藏）和《仿古山水冊》（蘇州博物館藏），時年作者六十九歲，亦即是惲向下世前一年。其他作品分別是作於崇禎九年（1636）的《仿古山水圖冊》（中國國家博物館藏）、十一年（1638）的《一峰突兀圖軸》（山東省博物館藏）、十二年（1639）的《山水圖》（山西博物院藏）、《仿米家山圖》（北京故宮博物院藏）、十三年（1640）的《臨黃公望山水圖》（北京故宮博物院藏）、十五年（1642）的《夏山圖》、《山水圖軸》（北京故宮博物院藏）、順治三年（1646）的《仿文徵明山水圖冊（12開）》（上海博物館藏）、《山水圖冊（八開）》（北京故宮博物院藏）、順治六年（1649）的《山水圖冊（十開）》（鎮江市博物館藏）、順治九年（1652）的《山水圖冊（八開）》（湖北省博物館藏）和順治十年（1653）的《仿古山水圖冊（八開）》（上海博物館藏）、《仿王維鐘聲圖軸》（安徽省博物館藏）。

　　還有大量並未署有年款的作品，從其基本畫風看，大致亦可歸於晚期一路。

〔註20〕張庚《國朝畫徵錄》卷上，第11頁。

〔註21〕目前所依據的文獻資料和實地調查資料，主要來自於海內外博物館、美術館及其他公立機構及部分私立機構所藏。還有大量的私人藏品暫時無法統計在內。近年來出現在國內外各大拍賣行中也有不少惲向作品，但因未見原跡，真偽無法確定，故也不在本人考察範圍之類。由於閱歷所限，即便是公立機構，或亦有疏漏之處。

很顯然，惲向的絕大多數作品還是集中在晚年。

惲向的傳世作品顯示，無論是早期還是晚期風格，絕大多數為仿古之作，或者說是追摹古人畫意之作，他所臨仿、追摹的古人主要有王維（701～761）、王洽（？～805）、荊浩（850～？）、關全（約 907～960）、董源（？～約 962）、巨然、李成（919～967）、燕文貴（967～1044）、郭熙（1023～約 1085）、趙令穰、李唐（1066～1150）、米芾、米友仁（1074～1153）、夏圭、劉松年（約 1155～1218）、高克恭（1248～1310）、黃公望（1269～1354）、吳鎮（1280～1354）、倪瓚（1301～1374）、王蒙（1301～1385）、文徵明（1470～1559）等諸家〔註 22〕。

惲向的臨仿古意之作，不是一味地臨摹仿造，而是在古人基礎上融合己意，並隨著藝術造詣的漸入佳境，離古人似乎越來越遠，在古意與己意中尋求一種有機的結合。早年的作品，以作於崇禎五年（1632）的《董巨遺意圖》（常州市博物館藏）為代表作。在該畫的題跋中，惲向指出：「董北苑、巨然、梅道人一派，濃至之中自具生疏之致，近世畫家不解此意，單求其密不求其疏，毫釐千里矣」〔註 23〕，對那些沒有深解古人筆意而一知半解的畫風提出了批評。在此作中，惲向則盡可能做到疏密有致，在水墨的暈染、皴法的運用以及空間的布局中，雖然處處可見董、巨的元素，但已然不乏己意，成為其早期藝術探索的佳構。惲向在另一件仿北苑的畫中題道：

> 古人用筆如彈琴，然斷弦入木差可耳。北苑一種張皇氣象，而未必澄懷觀道，故開後來縱橫習氣。予願以生澀進焉，以佐古人不逮，不知者無異嚼蠟也〔註 24〕。

可見他對於董源繪畫情有獨鍾，並得個中三昧。這在《董巨遺意圖》中可以看出其所謂的「縱橫習氣」和「以生澀進焉」的繪畫風格。

〔註22〕 這些資料主要來源於惲向繪畫作品及其畫論所提及，其畫論主要集中於陳撰編《玉几山房畫外錄》，鄧實、黃賓虹編《美術叢書》初集第八輯，江蘇古籍出版社，1986 年影印本，第 464～468 頁。

〔註23〕 《藝苑掇英‧常州博物館專輯》第五十九期，上海人民美術出版社，1997 年；亦載《常州書畫作品集》（天津人民美術出版社，1999 年，第 5 頁）、中國古代書畫鑒定組編《中國繪畫全集》第 17 卷明 8（浙江人民美術出版社、文物出版社，2000 年，第 144 頁）和常州博物館編《常州博物館五十週年典藏叢書‧繪畫卷》（文物出版社，2008 年）。

〔註24〕 陳撰編《玉几山房畫外錄》，鄧實、黃賓虹編《美術叢書》初集第八輯，第 464 頁。

　　晚年的作品，以作於順治十一年（1654）《仿古山水冊》（蘇州博物館藏）為代表作。在這套八開對題的山水冊中，惲向不僅在畫意上脫離單一的董、巨的影響而參入倪雲林、黃公望、米芾之畫境，而且還輔之以大量的文字題跋，進一步闡述其創作理念和畫論要旨。與其將這本冊頁看作是他晚年的扛鼎之作，毋寧說是他一生藝術實踐和藝術思想的小結更為貼切。

　　八開冊頁，分別是《迂老霧圖》、《仿巨僧筆》、《靈巖錦岫圖》、《董北苑半幅圖》、《靠女貞止頑山望白雲水潺潺》、《擬黃子久筆》、《寫梁子熙筆》、《米南宮大翠黛》，每開畫頁均有對題，闡述其藝術見解。

　　《迂老霧圖》以倪雲林筆意為宗，疏淡悠遠，筆簡意饒。作者有題識曰：

　　　　元人幽亭，秀木自是。化工之外，一種靈奇。惟其品若天際飛

　　鴻，故出筆便如急管哀弦，聲情並集，非大地歡樂場中可得而方物

　　者也。每笑世人輒學倪迂，不能引鏡，何以為貌？玄宰先生嘗云：

　　　　不讀書人不足與云畫理，夫豈欺哉，作迂老霧圖偶及之〔註25〕。

　　惲向慣以批評者的眼光針砭時人繪畫的流弊。他認為，倪雲林等元人的畫格不是「大地歡樂場中可得」，要學其風格，不能徒學其貌，而在於自身的修為。董其昌所謂「不讀書人不足與云畫理」，便是此理。

　　《擬黃子久筆》以黃公望筆意為宗，但卻未肖其形，而是在師法其筆墨技巧的基礎上，融合自己的筆情墨趣。

　　在一套《仿古山水冊（十開）》（臺北故宮博物院藏）中，惲向也分別題寫模仿董源、巨然、倪瓚、王蒙、吳鎮、黃公望、鄭僖、趙大年、高克恭諸家。雖說是仿古，但在此冊中，亦可見其顯而易見的自家筆意。

　　當然，惲向並不是一味仿古、摹古，同時也注重寫生。據說他常常往來於齊魯之間，並登臨泰山絕頂，從大自然中尋找靈感，外師造化而中得心源，所以在其山水畫中，我們在感受到古意的同時，也能領略到一種自然雄渾之氣。這是其山水畫的重要特色。在其《秋江遠眺圖》扇面（中國國家博物館藏）和《山水》扇面（廣東省博物館藏）中，就很能看出這種特徵。兩件山水小品並非仿古之作，因而更能看出其蒼潤、秀逸且墨韻淋漓之風。山水之外，惲向亦偶擅花鳥，其《松樹小雀》扇面（廣東省博物館藏）乃其罕見的花鳥畫。所寫小雀精細秀逸，松枝、梅花粗獷灑脫，反映其多方面的繪畫才能。

　　〔註25〕蘇州博物館編《蘇州博物館藏明清書畫》，文物出版社，2006年，第98頁。

第四節　惲向對惲壽平等人的影響

惲向的畫學思想及其山水畫對惲壽平產生了直接的影響。

惲壽平在一幅自己的山水畫中曾自題：「戲用家香山翁墨氣作北苑，庶免畫虎之譏否？」〔註26〕，便可見其山水畫中所留下的惲向痕跡。

在惲壽平題畫語句中，多次談及其叔父惲向對他的教誨：

> 伯父稱北苑畫，筆不露骨，墨不堆肉，如行空中飄渺無痕。任每驅毫運思，輒研求斯旨，非贊仰所得，因知董巨墨精，真宇宙奇麗巨觀。猶文章之有爻象，音樂之有鍾呂。學者恃敏曜識，以為率爾，易知者猶井天蠡海之見耳。古人妙跡，自非冥搜難以證人。夫學董巨，尚不繼倪黃，況下此者哉？未識伯父以此言為相近否？今呈所圖十餘紙，皆董巨法，一一駁正之。〔註27〕

> 伯父教我曰：作畫須求一筆是，任子不知此語。暇則又曰：汝丘壑布置，次第頗近，惟此一筆未是耳。臥撫古人畫冊，既卒業，取已所撫本並觀，面目不相遠，而都無神明，乃於伯父所謂一筆者，欣然有入處。夫一者，什百千萬之所從出也。一筆是千萬不離，於是千萬筆者，總一筆之用也。即黃涪翁字中有筆也，禪家句中有眼之說也。凡畫無所謂一筆者，雖長綃大幀，千岩萬壑，謂之無畫可也。前次所呈，皆成傖父伯父，許我更望舉隅。〔註28〕

> 伯父嘗稱臣虎鄒先生繪事，有筆而無墨，有趣而無法。此定論也。然洪穀子，又謂吳道子畫山水，有筆而無墨。吳生，畫聖也。若伯父所評鄒，已埒於吳生矣。今古譏正之，旨有異同乎。幸伯父更有以教之。〔註29〕

從這些題畫中不難看出惲向對惲壽平的畫學思想、藝術觀念的形成所起到的潛移默化作用。當然，惲向對於惲壽平的影響，主要還是在山水畫方面，這也是惲壽平早年專注於山水畫的原因之一。

〔註26〕惲格著，秦耕海校注《惲南田文集（下）》，中國文聯出版社，2008 年，第 567、719 頁。按，校注者據畫跡將惲壽平題識著錄為「戲用家香山翁墨氣作北苑，庶兌畫虎之譏否？」，疑「兌」乃「免」之誤讀。此類誤讀現象（尚有誤斷句現象）在該文集中較多，不一一列舉。

〔註27〕惲格著，秦耕海校注《惲南田文集（下）》，第 824 頁。

〔註28〕惲格著，秦耕海校注《惲南田文集（下）》，第 825 頁。

〔註29〕惲格著，秦耕海校注《惲南田文集（下）》，第 825 頁。

　　惲壽平以花鳥畫著稱，但其早年長於山水，與王翬訂交後，遂改畫花鳥〔註30〕。在惲壽平傳世的山水畫中，可看出他師承惲向並由此上溯至董巨倪黃的痕跡。與惲向不同的是，惲壽平的山水在構圖上較為繁密，古韻似乎較惲向更為濃厚，氣勢森然。當然，其個性化的元素也較少。惲壽平能得古人意趣而己意未顯，功力有餘而氣韻不足。如果單從山水而言，惲壽平是未能與惲向相提並論的，更遑論青出於藍而勝於藍了。

　　在惲壽平之外，惲向的繪畫還對清代其他畫家產生影響，這主要表現在兩個惲向畫風的繼承者——戚著和周荃身上。

　　戚著，號白雲，善畫山水，生平事蹟不詳，但從時人的記載中可看出其藝術與惲向的淵源。藍瑛、謝彬纂輯的《圖繪寶鑒續纂》稱其「畫山水學惲道生，書法亦妙」〔註31〕，而王宸的《繪林伐材》也稱其「畫山水學惲道生」〔註32〕。現在所見其作品有《山水》扇面（北京故宮博物院藏）和《山水圖》冊（私人藏）等。

　　周荃，一作周荃，字靜香，號花溪老人，姑蘇人（今江蘇蘇州），官至開封府知府〔註33〕，善畫山水，「師倪、董，筆趣超妙，此真不為古人束縛者」〔註34〕，兼工花卉。藍瑛、謝彬纂輯的《圖繪寶鑒續纂》稱其「山水法惲向，尤精墨點花果」〔註35〕，王宸的《繪林伐材》也稱其「山水法惲向」〔註36〕。目前並沒有資料顯示周荃曾直接師從惲向，或許僅僅是私淑而已。周荃傳世的作品有作於順治十三年（1656）的《仿北苑山水圖》軸（山西博物院藏）、十八年（1661）《花卉冊（八開）》（廣東省博物館藏）、康熙八年（1669）的

〔註30〕關於惲壽平由山水改畫花鳥的藝術歷程，筆者已有專文論及，參見前揭拙文《惲壽平藝術及其對清代畫壇的影響》，《文物鑒定與研究》（五），第22～50頁。

〔註31〕藍瑛、謝彬纂輯《圖繪寶鑒續纂》卷二，于安瀾編《畫史叢書（二）》，上海人民美術出版社，1963年，第17頁。

〔註32〕王宸《繪林伐材》卷十，載中國書畫全書編纂委員會編《中國書畫全書（九）》，上海書畫出版社，1996年，第977頁。

〔註33〕梁章鉅《退庵所藏金石書畫跋尾》卷十九，載中國書畫全書編纂委員會編《中國書畫全書（九）》，第1109頁。

〔註34〕寶鎮輯《國朝書畫家筆錄》卷一，載《中國歷代畫史彙編（第十冊）》，天津古籍書店，1997年，第411頁。

〔註35〕藍瑛、謝彬纂輯《圖繪寶鑒續纂》卷二，第19頁。

〔註36〕王宸《繪林伐材》卷十，載中國書畫全書編纂委員會編《中國書畫全書（九）》，第978頁。

《貓石圖》（北京故宮博物院藏）、九年（1670）的《花果冊（四開）》（四川博物院藏）、二十六年（1687）《鍾馗》（天津博物館藏）及無年款或年款不詳者有《花果圖冊（六開）》、《瑤島神仙圖》軸、《蘭花》扇面、《秋梨赤棗》扇面、《佛手香》團扇、《山水》扇面（均藏北京故宮博物院）、《寒林策騎圖》（上海博物館藏）、《萱草芝石圖》軸（安徽博物院藏）、《夏山圖》軸（山東省博物館藏）、《崇山水閣圖》軸（山西博物院藏）、《瓜果圖冊（八開）》（天津博物館藏）、《海棠圖》軸（上海工藝品進出口公司藏）〔註37〕和《山水圖》軸、《送別圖冊（九開）》（均藏吉林省博物院）、《花鳥圖》（大英博物館藏）、《松嶺岩關圖》（臺北故宮博物院藏）、《山水圖》軸（廣州藝術博物院藏）、《西山春曉圖》卷（旅順博物館藏）等，是一個兼擅山水、花鳥和人物的全才畫家。其山水畫無論是氣韻風格還是用筆用墨，受惲向影響的痕跡都十分明顯。在《仿北苑山水圖》軸中，可以看出這種痕跡。作者在題識中寫道：「董巨得右丞三昧。近代能傳其正脈者，惟董玄宰一人。蓋幽淡天然之致，非畫家所能夢見也。」〔註38〕從題識可知其繪畫的源流與惲向所崇尚的董巨一致。從畫風看，也與惲向有異曲同工之處。所不同者，惲向略顯蕭疏，兼具淡逸之致；而周荃則繁茂蒼鬱，但未脫盡古人窠臼。與惲向同時且常常與惲向並列〔註39〕的山水畫家鄒之麟（1574～1654 或 1655）〔註40〕在談及惲向山水畫時說：「香山平日作畫，俱仿各大名家，無不精絕。至中年自成一種蒼秀可愛，余不及也」〔註41〕，這道出了惲向繪畫從仿古到自成一家的藝術嬗變歷程。在晚明復古主義思潮彌漫中國畫壇的大環境下，惲向在蜜蜂採百花式的藝術實踐中，從古人的畫跡中討生活，並逐漸逃出藩籬，在與古為徒與師法自然的交互融合中，形成自己所追求的「逸品」式繪畫境界。與此同時，他在創作中所總結出的畫語錄則成為我們瞭解其藝術成就與畫學理念的重要藍本。一個在晚明畫史上被眾多名家的光環所遮蔽了的山水畫家，通過其傳世作品與畫學理論，又重新清晰地呈現在我們面前。

〔註37〕段書安編《中國古代書畫圖目（索引）》，文物出版社，2001 年，第 88 頁。
〔註38〕山西省博物館編《山西省博物館藏書畫精品選》，山西古籍出版社，1999 年，第 82 頁。
〔註39〕美國學者高居翰在其論著中便設有「鄒之麟與惲向」一節並列論述。參見前揭《山外山：晚明繪畫（一五七〇～一六四四）》，第 188～191 頁。
〔註40〕前揭汪世清《藝苑疑年叢談·增補版》，第 173～174 頁。
〔註41〕安徽省博物館編《安徽省博物館藏畫》，文物出版社，2004 年，第 68～69 頁。

　　另一方面，在惲氏藝術家族的傳承中，惲向篳路藍縷之功是不可磨滅的。他在惲氏家族中，扮演了轉型期的重要角色。從惲氏家族早期的詩文傳家到惲向時代的藝術傳家，惲向起了里程碑式的作用。因為有他在繪畫創作和畫學理論方面的開創之功，使惲氏後學紛紛傚仿、心摹手追。在他的晚輩中，出現了惲壽平這樣的書畫大家，成為惲氏家族中承前啟後的重要人物。隨後，惲源濬、惲冰、惲懷娥、惲懷英、惲珠等惲氏書畫家應運而生，各領風騷。在惲壽平之後，惲氏家族的藝術基因一直傳承綿延近二百年〔註42〕。因此可以說，正是因為有惲向在惲氏藝術家族中所發出的先聲，才使以惲壽平為代表的惲氏藝術家族後來揚名於畫壇成為可能。從這個角度講，關注並研究惲向的意義顯然已經超越其作品本身。

圖 1-1　明‧惲向《仿古山水圖冊》之一，紙本墨筆，26.1×16.4 釐米，中國國家博物館藏

〔註42〕關於這一點，筆者已有專文論及，參見拙文《惲壽平的家族傳人考》，《中國國家博物館館刊》2011 年第 7 期，第 103～117 頁。

圖 1-2　明・惲向《仿古山水圖冊》之二，紙本墨筆，
　　　　26.1×16.4 釐米，中國國家博物館藏

圖 1-3　明・惲向《仿古山水圖冊》之三，紙本墨筆，
　　　　26.1×16.4 釐米，中國國家博物館藏

圖 1-4　明・惲向《仿古山水圖冊》之四，紙本墨筆，
　　　　26.1×16.4 釐米，中國國家博物館藏

圖 1-5　明・惲向《仿古山水圖冊》之五，紙本墨筆，
　　　　26.1×16.4 釐米，中國國家博物館藏

圖 1-6　明・惲向《仿古山水圖冊》之六，紙本墨筆，
　　　　26.1×16.4 釐米，中國國家博物館藏

圖 1-7　明・惲向《仿古山水圖冊》之七，紙本墨筆，
　　　　26.1×16.4 釐米，中國國家博物館藏

圖 1-8　明・惲向《仿古山水圖冊》之八，紙本墨筆，
　　　　26.1×16.4 釐米，中國國家博物館藏

圖 1-9　明・惲向《仿古山水圖冊》之九，紙本墨筆，
　　　　26.1×16.4 釐米，中國國家博物館藏

圖 1-10 明·惲向《仿古山水圖冊》之十，紙本墨筆，26.1×16.4 釐米，中國
國家博物館藏

圖 2　明・惲向《青山綺皓圖》，紙本墨筆，
290.4×101.8 釐米，上海博物館藏

圖 3　明·惲向《擬巨然山水圖》，紙本墨筆，
　　　92×37.5 釐米，香港至樂樓藏

圖 4　清・惲向《秋林平遠圖》，紙本墨筆，148.8
　　　×61.5 釐米，上海博物館藏

圖 5　明・惲向《秋亭嘉樹圖》，紙本墨筆，67.1
×29.3 釐米，臺北故宮博物院藏

圖6　明·惲向《山水圖軸》，紙本設色，115×
43.3 釐米，北京故宮博物院藏

圖7　明·惲向《仿古山水》，紙本墨筆，臺北故
　　宮博物院藏

圖8　明・惲向《董巨遺意圖》，紙本墨筆，160×
80釐米，常州市博物館藏

圖 9-1　明・惲向《仿古山水冊》（1），紙本設色，26.5×26.9 釐米，
　　　　蘇州博物館藏

圖 9-2　明・惲向《仿古山水冊》（2），紙本設色，26.5×26.9 釐米，
　　　　蘇州博物館藏

圖 9-3　明・惲向《仿古山水冊》（3），紙本設色，26.5×26.9 釐米，
　　　　蘇州博物館藏

圖 9-4　明‧惲向《仿古山水冊》（4），紙本設色，26.5×26.9 釐米，
　　　　蘇州博物館藏

圖 9-5　明‧惲向《仿古山水冊》（5），紙本設色，26.5×26.9 釐米，
　　　　蘇州博物館藏

圖 9-6　明‧惲向《仿古山水冊》（6），紙本設色，26.5×26.9 釐米，
　　　　蘇州博物館藏

圖 10-1　明・惲向《仿古山水冊》之一，紙本墨筆，26.7×22.6 釐米，
　　　　　臺北故宮博物院藏

圖 10-2　明・惲向《仿古山水冊》之二，紙本墨筆，26.7×22.6 釐米，
　　　　　臺北故宮博物院藏

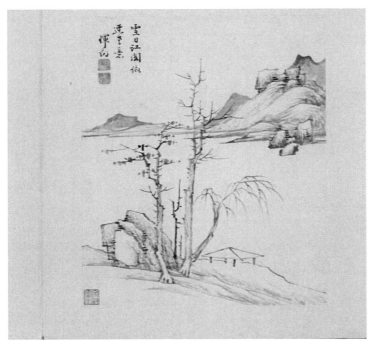

圖 10-3　明・惲向《仿古山水冊》之三，紙本墨筆，26.7×22.6 釐米，
　　　　　臺北故宮博物院藏

圖 10-4　明・惲向《仿古山水冊》之四，紙本墨筆，26.7×22.6 釐米，
　　　　　臺北故宮博物院藏

圖 10-5　明·惲向《仿古山水冊》之五，紙本墨筆，26.7×22.6 釐米，
　　　　臺北故宮博物院藏

圖 10-6　明·惲向《仿古山水冊》之六，紙本墨筆，26.7×22.6 釐米，
　　　　臺北故宮博物院藏

圖 10-7　明・惲向《仿古山水冊》之七，紙本墨筆，26.7×22.6 釐米，
　　　　臺北故宮博物院藏

圖 10-8　明・惲向《仿古山水冊》之八，紙本墨筆，26.7×22.6 釐米，
　　　　臺北故宮博物院藏

圖 10-9　明・惲向《仿古山水冊》之九，紙本墨筆，26.7×22.6 釐米，
　　　　臺北故宮博物院藏

圖 10-10　明・惲向《仿古山水冊》之十，紙本墨筆，26.7×22.6 釐米，
　　　　　臺北故宮博物院藏

圖 11　惲向《秋江遠眺圖》扇面，紙本墨筆，中國國家博物館藏

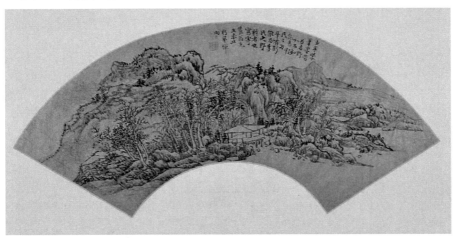

圖 12　明・惲向《山水》扇面，紙本墨筆，廣東省博物館藏

圖 13　明・惲向《松樹小雀》扇面，紙本設色，廣東省博物館藏

圖 14　清‧惲壽平《高岩喬木圖》，紙本設色，217.3
×97.2 釐米，北京故宮博物院藏

圖 15　周荃《仿北苑山水軸》，綾本墨筆，169×51
釐米，山西博物院藏

圖16　清・周荃《松嶺岩關圖》，紙本墨筆，臺北故宮博物院藏

第三章　開宗立派的一代名家：
　　　　　惲壽平

　　如果說惲向開啟了常州惲氏家族由詩文轉向藝術的先河的話，惲壽平則是將惲氏家族的藝術特色推向了頂峰。在惲氏藝術家族中，惲壽平不僅在藝術成就方面首屈一指，對於惲氏家族及清代畫壇也具有深遠的歷史意義。一方面，惲壽平的沒骨花鳥畫風對惲氏家族數代畫家產生直接、深遠的影響；另一方面，在清代畫壇上，惲壽平是開宗立派的一代名家，他既是「常州畫派」的開創者、領軍人物，同時對清初以來各地的花鳥畫風影響甚巨，其流風餘韻綿延畫壇數百年。

第一節　惲壽平的藝術活動

　　關於惲壽平的生平事蹟，前人已做了大量的研究工作〔註1〕，此不詳述。他於明崇禎六年（1633）生於江蘇武進縣（今常州），清康熙二十九年（1690）

〔註1〕關於惲壽平生平事蹟，前人多有論及，此不贅述。其生平事蹟除時人撰述外，今人研究成果主要有：蔡星儀《論惲壽平和他的沒骨花卉》，《美術史論》1982年第3輯；溫肇桐《清初名畫家王翬、吳歷年表》，《南京藝術學院學報（音樂與表演版）》，1982年03期；楊臣彬《惲壽平早年事蹟及年譜簡編》，《故宮博物院院刊》，1983年第3期，總第21期；蔡星儀《惲壽平年譜稿略》，《朵雲》總第41期，1994年2月；楊臣彬《惲壽平的生平與藝術》，《朵雲》總第41期，1994年2月；楊臣彬《明清中國畫大師研究叢書·惲壽平》，吉林美術出版社，1996年；蔡星儀《惲壽平研究》，天津人民美術出版社，2000年；蔡星儀《中國名畫家全集·惲壽平》，河北教育出版社，2006年。

卒於家，享壽 58 歲。他初名格，字壽平，以字行，又字正叔，別號南田，一號白雲外史，別署雲溪史、雲溪外史、白雲溪、白雲溪外史、雲溪、西溪過客、東園、東園生、東園客、園客、南田客、南田後學、巢楓客、南田草衣、草衣生、草衣客、南田草衣客、抱甕客、橫山樵者、白雲溪漁、毗陵通家子、壽道人等〔註2〕。

　　和很多後來終有所成的大藝術家一樣，惲壽平早年便表現出迥異於常人的稟賦。據說其父（惲日初）授之書，他「上口即能解義」，八歲便能詠蓮花成句，「驚其塾師」〔註3〕。可惜這種少年時代所表現出的天賦並未得以像古代其他精英一樣按部就班地從參加科考到獲取功名，然後成就一段大團圓式的衣錦還鄉、榮華富貴。相反，少年時代的夢想很快就被天崩地坼的政局變換所磨滅。

　　資料顯示，惲壽平並無功名。十餘歲時，由於甲申事變，清軍入關，明朝江山易主，時局發生天翻地覆的變化，惲壽平隨其父輾轉奔波於福建、廣東、浙江等地，飽受顛沛流離之苦。他所生活的年代，正值改朝換代的動盪時期。他親身經歷了戰火的洗禮，捲進抗清的戰爭中，參加了福建建寧王祈的抗清隊伍，並曾一度被清軍所俘獲，為清軍將領陳錦之妻所賞識，收為養子。後陳錦為亂軍所殺，惲壽平隨陳妻扶靈北歸時，在靈隱寺與父邂逅，經其父巧妙周旋，得以脫離陳妻，留寺為僧若干年。這段時間，惲壽平從父讀書、學詩，「督課經傳儒先之書」，「蓋本家學為多」〔註4〕，並嫻習繪畫以遣興。

　　由於其父惲日初為復社遺老，「學問節概，東南碩果，四方聲氣奏集」〔註5〕，因而一段時間，惲壽平和復社遺老們均有往還，並暗中參與抗清復明的鬥爭，其中一個典型的例子便是康熙十四年（1675）與當時的反清復明鬥士吳鉏（1618～1679）訂交。吳鉏初名祖錫，字佩遠，一字稽田，為明崇禎十五年（1642）的副貢，明亡後預謀勤王，並於康熙十六年（1677）迎接明朝宗室、周府鎮國將軍朱麗中至山東膠州大珠山，再次準備起兵奉朱麗中

〔註2〕別號、署名主要來源於惲壽平傳世書畫及歷代著錄之畫目，本文主要參考以下
　　　多種專集：承名世主編《惲壽平書畫集》，文物出版社，1987 年；劉一聞編《惲
　　　壽平畫集》，上海人民美術出版社，1998 年；《惲壽平畫集》，江蘇美術出版社，
　　　1998 年；《惲壽平畫集》，北京工藝美術出版社，2005 年；蔡星儀《中國名畫
　　　家全集·惲壽平》，河北教育出版社，2006 年。
〔註3〕惲鶴生《惲南田先生家傳》，載《南田題畫》，道光辛卯（1831 年）刊本。
〔註4〕惲鶴生《惲南田先生家傳》，載《南田題畫》，道光辛卯（1831 年）刊本。
〔註5〕惲鶴生《惲南田先生家傳》，載《南田題畫》，道光辛卯（1831 年）刊本。

為監國以圖復國，後曾被鋪入獄，晚年客居山東，鬱鬱而終〔註6〕。惲壽平不僅與其有直接往還，還有寫詩相贈〔註7〕，反映出濃鬱的遺民情結。

雖然暗中蘊涵故國情思，但為生計所迫，同時也是興趣所至，惲壽平中年以後的時間大多數集中於藝術創作與藝術活動中。即便在康熙二十六年（1687），由山東按察使遷江蘇布政使的宋犖（1634～1713）禮聘惲壽平遊於幕下〔註8〕，但實質上是以布衣的身份在宋幕下作畫。而他中晚年後和王翬、唐芺（1626～1690）、唐宇昭（1602～1672）、唐宇肩（營若1648～1723）、莫是龍（1537～1587）、錢二白、魏禧（1624～1681）、笪重光（1623～1692）、高簡（1634～1707）、王時敏（1592～1680）、文二訓（命時）、程邃（1607～1692）、孫默（無言1613～1678）、汪士鋐（扶辰1658～1723）、汪懋麟（蛟門1640～1688）、汪彥度、許承家（師六）、查士標（二瞻1655～1698）、宋至（山言）、禹之鼎（1647～1716）、余懷（廣霞1617～1696）、楊晉（1644～1728）、張遠（天涯）、徐樞（宗岐）、沈受紅、王掞（1644～1728）、陸潤、王武（1632～1690）、馮武（竇伯1627～1708？）、楊大鶴、黃向堅（端木1609～1673）、張雲章（1645～1726）、徐乾學（1631～1694）、顧祖禹（1631～1692）、秦原、洪昇（1645～1704）、邵長蘅（1637～1704）、毛先舒（1620～1688）、陳維崧（1625～1682）、楊宗發、諸匡鼎、管掄、羅牧（1622～1705）、梅清（1623～1679）……等人的交遊〔註9〕，也都是在鬻畫和詩文唱酬的藝術圈中周旋。在康熙二十二年（1683），官至文淵閣大學士的王掞力邀惲壽平同赴北京，準備推薦給王侯公卿時，惲壽平依然婉辭之，並賦詩明志，有「只因半世從屠釣，安用諸侯識姓名」〔註10〕，以示其淡泊之意，同時也折射出惲壽平願意過著一種不願攀附權貴而優游自在的生活。

和惲氏家族其他成員有所不同的是，惲壽平既是一個書畫家，也是一個詩人，更是一個在畫理上造詣深邃的理論家。他有《甌香館集》、《繪林題識》、《南田畫跋》、《甌香館遺詩》、《南田題畫》、《南田詩鈔》、《甌香館詩稿》、

〔註6〕　關於吳鉏事蹟，可參見《清史稿·列傳》和國家圖書館分館編《孤本明代人物小傳》（全國圖書館文獻縮微中心，2003年）。

〔註7〕　關於惲壽平與吳鉏交遊，蔡星儀《惲壽平研究》一書中《中年與反清志士吳鉏之關係》一文有詳細論述，參見該書12～15頁。

〔註8〕　尚小明編著《清代士人遊幕表》，50頁，中華書局，2005年。

〔註9〕　關於惲壽平的交遊資料，主要來源於惲壽平《甌香館集》詩文唱酬及傳世作品之題跋款識。

〔註10〕　蔡星儀《惲壽平年譜稿略》，載《惲壽平研究》，102頁。

《惲南田文集》等多種，並有自晚清以來至今的各種版本的書畫集近百種傳世〔註11〕。無論研究中國繪畫史，還是中國畫學思想史，或者是書法史、詩歌史，惲壽平都是不可繞過的重要人物。

第二節　惲壽平在繪畫上的成就

惲壽平在繪畫上的成就，當首推花鳥畫〔註12〕。但事實上，惲壽平早年是以山水畫擅名的，「少工山水，咫幅千里，煙雲萬態，多仿黃鶴山樵」〔註13〕，張庚的《國朝畫徵錄》也言其早年「好畫山水，力肩復古」〔註14〕。從傳世的署有年款的作品看，如果以 1672 年惲壽平 40 歲為界將其作品分為前期和後期的話，40 歲以前的署有年款的作品有 29 件，其中山水 25 件，占總數的百分之八十六，花鳥僅 3 件，占百分之十，另一件為書法〔註15〕。據此可看出其早年側重於山水畫創作的情況。

饒有趣味的是，當向以山水見長的惲壽平在與王翬訂交、并見識了王翬廣受推崇的山水畫以後，發現與王翬的筆意極為接近，「自以材質不能出其右，則謂石谷曰：是道讓兄獨步矣。格妄，恥為天下第二手」，於是，他便「捨山

〔註11〕由於刊行時間的不同及選編者取捨的不同，這些詩文集有不少雷同之處，詳細版本請參見本文附錄之主要參考文獻部分。

〔註12〕關於惲壽平花鳥畫研究，可參見以下諸文：蔡星儀《論惲壽平和他的沒骨花卉》，《美術史論》1982 年第 3 輯；惲振霖《惲壽平與沒骨寫生法》，《朵雲》第七集，1984 年 11 月；鄧曉《惲壽平在花卉創作上的承繼與開拓》，《美術研究》1994 年 03 期；謝麗君《惲壽平「沒骨花」的獨創性和藝術價值》，《南京藝術學院學報（美術與設計版）》，2001 年 03 期；蘇凌雲《惲壽平對「沒骨花」的繼承與發展》，《藝術探索》2005 年 01 期；米娜《惲壽平和現代沒骨畫》，中央民族大學碩士論文，2005 年；張勤《逸格，高標，一代沒骨新風——惲壽平沒骨花卉藝術》，中央美術學院碩士論文，2006 年；葉鵬飛《論惲南田的沒骨花鳥畫藝術》，無錫：《書畫世界》2006 年 04 期；林麗《惲壽平沒骨花卉藝術的形式分析》，揚州大學碩士論文，2008 年；張鵬飛《淒婉澹然的美——惲壽平筆下的沒骨花卉》，《藝術探索》2009 年 02 期；陶鎏霞《惲南田花鳥畫的藝術品格芻議》，中國美術學院碩士論文，2010 年；程桂蓮《惲南田沒骨花卉風格試析》，《國畫家》，2010 年第 3 期。

〔註13〕惲鶴生《惲南田先生家傳》，載《南田題畫》，道光辛卯（1831 年）刊本。

〔註14〕張庚《國朝畫徵錄》，于安瀾編《畫史叢書（三）》，上海人民美術出版社，1963年。

〔註15〕詳細作品請參見本文附錄《惲氏家族傳世書畫目錄》，其來源為海內外博物館、美術館及部分私人藏品。

水而學花卉，斟酌古今，以北宋徐崇嗣為歸，一洗時習，獨開生面，為寫生正派，由是海內學者宗之」〔註16〕。這段話後來一直被各種版本的繪畫史或筆記所引用，成為惲壽平虛懷若谷的明證而廣為傳誦。但是，清代道光年間的山水畫家戴熙（1801～1860）就很不同意惲壽平的說法：「此亦古人焚棄筆硯常語，非真捨山水專作花卉也。後人考證惲畫至某年作山水，自某年作花卉，不幾於癡人說夢？」〔註17〕，其實這是很有道理的。

事實上，從傳世署有年款的作品看，惲壽平四十歲以後的作品有六十四件，其中花鳥四十八件，占總數的百分之七十五，山水十四件，占百分之二十一點八；書法兩件〔註18〕。據此可知，後期的確是以花鳥畫見長，但卻並不是以花鳥畫專擅，同時亦兼擅山水。最晚的山水畫，有與王翬合作於康熙二十七年（1688）、時年五十六歲的《山水合璧冊》（上海博物館藏），這時離惲壽平下世僅兩年的時間。這就說明，山水畫和花鳥畫的創作，其實一直貫穿於惲壽平藝術生涯的始終。只不過前期以山水畫為主，兼擅花鳥；後期以花鳥畫為主，兼擅山水。

惲壽平之所以見王翬以後捨山水而專花鳥，其實是和當時的美術環境及藝術市場密切相關的。

早在惲壽平還困頓於清軍將領陳錦家中、為今後的前程一籌莫展之時，王翬已經進入王鑒（1598～1677）門下，成為傳承衣缽的得意弟子。王鑒對其畫極為推服，認為：「此非吾弟子也，三百年來，罕覯此人矣」〔註19〕。後來，王翬還被引薦至王時敏處，再拜入王時敏門下。據說當王時敏初見王翬及其畫作時，也曾誇張地說：「此煙客（王時敏）師，乃師煙客耶？」〔註20〕，表現出對其畫超乎尋常的讚賞。當時王時敏乃「一代畫苑開山，四方工畫者，得其指授，無不知名」〔註21〕，王翬不僅入於王時敏門下，更被王時敏尊為「畫聖」，不管是客套還是虛與委蛇，這種讚譽都是極為少見的。當時的文壇盟主及一時耆宿如錢謙益（1582～1664）、吳偉業（1609～1672）、周亮工（1612～

〔註16〕張庚《國朝畫徵錄》，于安瀾編《畫史叢書（三）》，上海人民美術出版社，1963年。

〔註17〕戴熙《賜硯齋題畫偶錄》，上海徐氏寒木春華館，清同治九年（1870）。

〔註18〕該統計僅限於筆者所蒐集的出版物中所見惲壽平作品，在海內外各大博物館、美術館中所藏其作品遠不止此數。

〔註19〕徐珂編纂《清稗類鈔》之《著述類》，中華書局，2010年。

〔註20〕徐永宣輯《清暉贈言》，轉引自蔡星儀《惲壽平研究》，23頁。

〔註21〕徐珂編纂《清稗類鈔》之《著述類》，中華書局，2010年。

1672）、王文簡、宋犖等均爭作詩古文張之，推為大家。可以說，王翬在年紀輕輕便極一時之榮耀，在以王時敏、王鑒等為畫壇盟主的江蘇地區，享有極高的聲譽。在此情況下，並無學術背景的惲壽平想在山水畫壇占一席之地都不容易，就更不用說和王翬分庭抗禮了。主要以靠賣畫為生的惲壽平要想生存，只能知難而退，「公將以此擅天下名，吾何為事此？」〔註22〕，因而選擇另闢蹊徑，改畫花鳥，這是極為明智的，也是不得也而為之的無奈之舉〔註23〕。

惲壽平既以花鳥畫為其求生之道，「作花卉寫生，含苞怒放，殘英半墮，重跗疊瓣，渲染皴裂，多出意匠」，並創造性地發揮了徐崇嗣以來的沒骨花卉，「間作一蟲一鳥，傳神阿堵，刻欲飛動」〔註24〕，成為清初花鳥畫的一種重要範式。比惲壽平略晚近半個世紀的書畫家兼畫學理論家方薰（1736～1799）詳細解讀了惲南田的沒骨花卉：「點花粉筆，帶脂點後，復以染筆足之，點染同用」。這種方法在前人如沈周處雖然也有用過，但並未產生影響。惲壽平在此基礎上發揚光大。他所畫菊花、鳳仙花、山茶花等，「脂丹皆從瓣頭染入，亦與世人畫法異。其枝葉，雖寫意，亦多以淺色作地，深色讓主，筋分染之」〔註25〕。今有論者將這種畫法稱之為「點染體沒骨花鳥」〔註26〕。現在所見到的惲壽平的《春風圖》斗方、《牡丹》斗方（臺北故宮博物院藏）、《罌粟花圖》扇面（北京故宮博物院藏）、《菊花圖》軸（廣東省博物館藏）、《榴實圖》扇面（日本京都國立博物館藏）、《花卉圖冊》（北京故宮博物院藏）、《菊石圖》軸（四川省瀘州博物館藏）等都是這種典型風格的代表。

惲壽平的花鳥畫無論是從在當時受追捧的程度看，還是對後世畫壇的影響，都可稱得上是開一代風氣的大家。與惲壽平同享盛名的王翬在評其花鳥畫時稱：「北宋徐崇嗣創製沒骨花，遠宗僧繇傳染之妙，一變黃荃勾勒之工，蓋不用筆墨，全以色彩染成，陰陽向背，曲盡其態，超乎法外，合於自然，寫生之極致也。南田子擬議神明，真能得造化之意，近世無與能者」〔註27〕，認為在近世沒有人能達到惲壽平這樣的水準。縱觀晚明以來到清代後期的近300年

〔註22〕惲鶴生《惲南田先生家傳》，載《南田題畫》，道光辛卯（1831）刊本。

〔註23〕關於這一點，也有學者詳細論述，參見蔡星儀《所謂「捨山水改畫花卉」之真實原因》，載蔡星儀《惲壽平研究》，22～26頁。

〔註24〕惲鶴生《惲南田先生家傳》，載《南田題畫》，道光辛卯（1831）刊本。

〔註25〕惲格《甌香館集·附錄》（別下齋校本），臺北學海出版社，1972年。

〔註26〕牛克誠《色彩的中國繪畫》，473頁，湖南美術出版社，2002年。

〔註27〕王翬題惲壽平《國香春霽圖》，載惲壽平《甌香館集》卷十，上海商務印書館，民國24年（1935）。

間，在沒骨花卉上有突出成就者，的確找不出第二個可以和惲壽平並駕齊驅
的。惲壽平的另一好友邵長蘅也認為：「宋人寫生，以徐熙為最，黃筌父子次
之，明沈石田、陳道復作水墨花鳥亦出徐熙，雖淺色淡墨，殊有深趣。近來，
吾鄉惲壽平正叔工沒骨寫生，不用墨筆勾勒，而渲染生動，濃淡淺深間，妙極
自然，亡論道復，即石田未遠過也」〔註28〕，即使像沈周（1427～1509）這樣
開宗立派的書畫大家，在花卉畫方面，也無法與惲壽平相頡頏，就更不用說吳
派傳人陳道復（1483～1544）了。方薰在歷覽徐熙以來的設色花卉畫以後也讚
歎道：「南田氏得徐家心印，寫生一派有起衰之功。其渲染點綴，有蓄筆，有
逸筆，故工細亦饒機趣，點簇妙入精微矣」〔註29〕，認為惲壽平所創立的寫生
一派，具有「起衰之功」，可謂推崇備至了。

　　康熙二十六年（1686）、惲壽平五十四歲時所作的《菊花圖》（廣東省博
物館藏）〔註30〕可看作是其沒骨花卉的代表。所寫菊花濃豔而不失清華，工
細而不乏淡逸，以對花寫照的藝術造型刻畫了花卉的真實狀態。其他如康熙
二十五年（1685）所寫的《蔬果冊頁》（臺北故宮博物院藏）及無年款的《牡
丹扇面》、《紫藤圖扇面》（北京故宮博物院藏）等也是如此。這種近乎寫實的
手法，將宋元以來的沒骨花卉推向另一個極致，同時與其一以貫之的題畫詩
相得益彰，在文人畫與世俗畫中達到一種巧妙的平衡。惲壽平主要以靠賣畫
為生，其沒骨花卉是其賴以生存的不二法寶，因此，在藝術創作時，他可能
會更多地考慮市場的需求。當時的市場及畫壇的主流審美傾向，山水方面是
以王時敏、王鑒、王翬、王原祁（1642～1715）為代表的「四王」畫風佔據
主流，而花鳥畫方面，自然就是非惲壽平莫屬了。由於受眾群的關係，惲壽
平的花鳥畫除了傳統的梅、蘭、竹、菊等反映文人情趣的四君子畫而外，其
他為普羅大眾所熟悉的花鳥題材如牡丹、月季、芙蓉、玉蘭、桃花、百合、
梨花、芍藥、虞美人、芋頭、罌粟花、鳳仙花、山茶花、葡萄、柿子、水仙、
荷花、紫藤、瓜豆、玫瑰、凌霄、芭蕉、石榴、枇杷、荔枝、薔薇、蜜蜂、
蝴蝶、佛手、櫻桃、蜀葵、海棠、鸚鵡、金魚、公雞、燕子……等也大量引
入畫中，這和當時以野逸畫風著稱的石濤（1630～1724）、朱耷（約 1626～

〔註28〕邵長蘅《邵子湘全集・青門簏稿》卷十二，題跋二十六，轉引自楊臣彬《明清
　　　　中國畫大師研究叢書・惲壽平》，302 頁，吉林美術出版社，1996 年。
〔註29〕方薰著，陳永怡校注《山靜居畫論》卷下，西泠印社出版社，2009 年。
〔註30〕廣東省博物館、香港中文大學文物館編《明清花鳥畫》，41 頁，香港中文大學
　　　　文物館，2001 年。

約 1705）等人價值取向迥然不同。

惲壽平在花鳥畫上的意義，更重要的不是其沒骨花卉本身的特色，而在於其畫對後世的影響。惲壽平清新自然、設色明快的花鳥畫風，對清代康熙以來的花鳥畫壇影響甚巨。這種影響不僅表現其畫風造就的「家南田而戶正叔」的藝術氛圍，以及對於惲氏家族的藝術傳承，更表現在近三百多年來花鳥畫壇所堅守的惲氏沒骨風，如蘇州地區的宋光寶、孟麗堂、繆椿、揚州畫派的華嵒（1682～1756）、李鱓（1686～1762）、浙江地區的奚岡（1746～1803）、李元開（春田）、戴公望、戴熙（1801～1860）、金廷椿、嶺南地區的居巢（1811～1865）、居廉（1828～1904）及上海地區的王禮（1813～1879）、張熊（1803～1886）、朱偁（1826～1900）、任薰（1835～1893）、任頤（1840～1895）等都是直接或間接受其影響者〔註 31〕。至於直接受其師承或私淑其畫藝的其他畫家，更是舉不勝舉。關於這一點，本文在後面將專門論及。

如果說惲壽平另闢蹊徑專攻花鳥畫是為避開王翬等人的鋒芒、迎合當時的審美需求，客觀上成為開一代宗風的花鳥畫大師的話，則他早期一直堅持不懈、後來疏於經營的山水畫則在很大程度上是其藝術精神的真正寄託。他將在花鳥畫中所無法呈現的文人逸趣通過斷斷續續的山水畫創作得以維持下來，正是如此，使其山水畫的藝術格調在某種程度上要遠遠高於花鳥畫——雖然山水畫遠不及花鳥畫一樣對後世產生深遠的影響。

惲壽平與王時敏、王鑒、王翬、王原祁、吳歷（1632～1718）同為「清初六家」，有論者認為之所以惲壽平能並列六家之一，主要「還是指他的山水畫而言」〔註 32〕。雖然這種說法未必盡可信，但在其他五家都是以山水畫見長的情況下，將惲壽平的山水畫與諸家相提並論也是有一定道理的。事實上，惲壽平因為在花鳥畫方面所取得的突出成就及其對清代以來的花鳥畫壇所產生的深遠影響，使人們忽略了對其山水畫的正確認識，再加上惲壽平之前提出的、被廣為傳誦的「君獨步矣，吾不為第二手也」〔註 33〕的說法，使人們更多地將其關注點轉向花鳥畫。對此，清代書法家王澍（1668～1743）不以為然。他認為惲壽平的山水畫可以和王翬分庭抗禮，在某種程度上，甚至要略勝一籌：「石

〔註 31〕 葉鵬飛《常州畫派研究》，199～237 頁，江蘇人民出版社，2008 年。
〔註 32〕 楊臣彬《明清中國畫大師研究叢書·惲壽平》，99 頁。
〔註 33〕 惲敬《南田先生家傳》，載惲格《甌香館集·南田先生家傳》（別下齋校本），
　　　　臺北學海出版社，1972 年。

谷腹皆書卷，故其筆墨間工夫有餘，而乏天然之韻；南田以絕世之姿輔之以卷軸，故信手破墨，自有塵外遠致，無所用意而工益奇正」，認為王翬的山水畫缺乏書卷氣，因而流於刻板，而惲壽平的山水畫文氣十足，有一種逸趣。兩相比較之下，「恐石谷（王翬）絕脛稱力，未能攀仰也」〔註34〕。而比王澍略晚一些的書法家兼詩人孫爾準（1770～1832）也非常贊同此觀點，他認為王翬是從臨摹入手，不免受到前人的約束，使其畫缺乏生機，而惲壽平「用筆古淡，天真爛然，乃畫中逸品」，可以與宋朝的米芾（1051～1107）、米友仁（1086～1165）父子、元朝的倪瓚（1301～1374）、明朝的董其昌（1555～1636）相提並論，他們都是具有仙骨之人，「非學力所能到也」〔註35〕。更有意思的是，書畫家姚元之（1773～1852）認為王翬「工夫益深」，反而「去之益遠」，而王翬之所以享大名，還在於他的長壽。假如惲壽平和王翬一樣享大年（王翬享壽86歲，而惲壽平享壽僅五十八歲，比王翬少二十八年），那其畫中「煙霞之氣，其超妙當更如何？」〔註36〕，恐怕這是誰也說不清楚的。其言外之意其實已經很明顯：惲壽平應該會遠遠超過王翬的。

　　另一方面，作為一個以花鳥畫見稱的畫家，在反映其主要畫學思想的《南田畫跋》中，居然有九成以上是談論山水畫的。這顯然不是惲壽平一時的疏忽，而恰恰說明惲壽平將山水畫視其為比花鳥畫更為重要的畫科，是其一生藝術追求的根本所在。就惲壽平、王翬兩人傳世的山水畫而論，其實不難發現以上諸公議論不無道理。惲壽平傳世的作品中，山水畫雖然僅占不到三分之一，但可看出其畫中所表現出的不同於時俗的繪畫風格。如康熙八年（1669）、惲壽平37歲所作的《層巒幽溪圖》（北京故宮博物院藏），作者自謂是學元末的山水畫家趙原（善長），並說趙氏「自謂得離坡荒落之趣，非時俗所能夢見也」，雖然是言趙氏之語，實際上更是惲壽平的「自謂」，「非時俗所能夢見」是惲壽平的山水畫一直所追求的境界，顯示其對此畫的自得之意。該畫意境深遠，設色淡雅，在古意中蘊涵生趣，表現出傳統文人畫的筆情墨趣，是其早期山水畫的代表風格。康熙十三年（1674）、惲壽平四十二歲時為楊瑀（雪臣）所作的《高巖喬木圖軸》（北京故宮博物院藏）則是其盛年力作，代表其成熟時期的風格。該畫作者自題乃擬董源（北苑）筆意所作，但這種題法，實際上是當時的一種時尚，

〔註34〕葉鍾進《南田題畫·跋》，載《南田題畫》，道光辛卯（1831）刊本。
〔註35〕葉鍾進《南田題畫·跋》，載《南田題畫》，道光辛卯（1831）刊本。
〔註36〕葉鍾進《南田題畫·跋》，載《南田題畫》，道光辛卯（1831）刊本。

以顯示其畫法有所本，作者是否真正見過董源原作，是很可懷疑的。從畫風看，畫中所表現出的高古、淡逸與文人畫氣韻，是較為明顯的。這與王翬的《岩棲高士圖》（北京故宮博物院藏）和《虞山楓林圖》（1668年，北京故宮博物院藏）等代表性作品相比，是很可看出二者藝術風格的不同：從畫工看，王翬作品精細、布局謹嚴，畫面中充溢著一種高古而蒼潤之氣，而惲壽平的畫則顯得隨意自然，畫境高逸。可謂各有千秋！如從藝術水準而言，則惲壽平畫中所呈現出的文人趣味是要比王翬略高一些的。所以，惲壽平的好友管掄在《題惲南田長幅山水》時有「偶然振筆一揮寫，氣象已與人間殊」〔註37〕句贊之。惲壽平的山水畫就在於勝在「與人間殊」：在當時山水畫壇完全被王時敏、王鑒、王翬、王原祁等「四王」一統天下的環境下，要有所作為本來是不易的，只有「與人間殊」才能造出新境界，才能不被湮沒在「四王」強勢的陰影中。惲壽平在一首題《石谷臨九龍山人枯槎竹石》詩這樣寫道：「心忘方入妙，意到不求工。點拂橫斜處，天機在此中」，並在詩題中題曰：「枯槎竹石，非倪非黃，玩其率意落筆，脫盡畫家徑路，始見天趣飛翔，逸氣動人也」〔註38〕，雖然此詩明為題王翬之畫，實則更多地是惲壽平自己的藝術宣言，更是其山水畫的真實寫照，是其與王翬山水畫的真正不同之處。因此，從這個意義上講，惲壽平的山水畫可謂獨樹一幟，雖然不能與其花鳥畫的影響同日而語，但在中國山水畫史上，是可以留下濃墨重彩的一筆的〔註39〕。

第三節　惲壽平的畫學思想及其在詩文書法方面的成就

　　惲壽平既是一個勤奮創作、為後世留下大量精美藝術作品的書畫家，更是一個善於思考、不斷發現藝術現象或總結畫學思想的理論家。這一點，似乎與

〔註37〕王祖肅、楊宜侖修，虞鳴球、董潮纂《武進縣志》卷十三，中國書店出版社，2002年。
〔註38〕惲格《甌香館集·補遺詩》（別下齋校本），臺北：學海出版社，1972年。
〔註39〕關於惲壽平山水畫研究，可參見以下諸文：周積寅《惲南田山水畫風》，《榮寶齋》2001年5期總第10期，中國美術出版總社，2001年；葉鵬飛《論惲南田的山水畫藝術》，《書畫世界》2006年05期；羅海青《清初山水畫大家惲壽平》，《美與時代（下半月）》2009年10期；沈俊《惲壽平山水畫研究之研究》，《美與時代》，2009年第8期。孫文忠《論惲南田山水畫之類別》，《西北大學學報（哲學社會科學版）》，2008年05期。

其伯父惲向有著驚人相似之處。

　　惲壽平在畫學理論方面，著有《南田題畫》、《南田畫跋》〔註40〕等。《甌香館集》第十卷和第十一卷為別下齋主人、以鑒藏古籍名刻及金石書畫著稱的海昌蔣光煦（1813～1860）所輯的《畫跋》〔註41〕，與《南田畫跋》多有不同，也是其畫學思想的反映。此外，其他散見於《甌香館集》及作品題跋中的隻言片語或詩歌，也有不少傳遞了他的藝術思想。而由笪重光撰寫，王翬、惲壽平點評的《畫筌》則從另一側面直接反映了惲壽平的畫學思想〔註42〕。

　　《南田畫跋》有四卷，第一卷為《畫筏》，第二卷為《畫鑒》，第三卷為《畫品》，第四卷為《畫餘（上下）》。此四卷連同《甌香館集》中的兩卷《畫跋》，基本代表了惲壽平畫學思想的主要精髓。關於惲壽平的畫學思想，歷來已有不少學者詳加論述，從不同的角度對其畫學精要給予解讀。他的繪畫理論及其繪畫美學思想，不僅在清初繪畫理論界享有近乎於在花鳥畫壇同樣高的地位，在整個中國繪畫理論和繪畫美學史上，都是一座不可繞過的重鎮。無論是何種版本的中國畫論史或繪畫思想史，都不能不提到惲壽平——如同研究中國花鳥畫史無法逾越惲壽平這座高峰一樣〔註43〕。現綜合前賢所述，

〔註40〕《南田題畫》和《南田畫跋》因為選編者和刻本的不同，書名有所不同，事實上，書中內容有不少雷同之處。本文所參考的版本分別為：《南田題畫》，道光辛卯（1831年）刊本；《南田畫跋》，美術叢書本，上海神州國光社，民國25年（1936年）；朱季海、施立華校勘《南田畫跋》，上海人民美術出版社，1987年；毛建波校注《南田畫跋》，西泠印社出版社，2008年。

〔註41〕惲格《甌香館集》（別下齋校本），臺北學海出版社，1972年。

〔註42〕關於《畫筌》的版本很多，本文所參閱的版本主要有以下幾種：知不足齋叢書·第十二集，清乾隆至道光間重印本；賜硯堂叢書本，道光十年（1830年）刻；于安瀾編《畫論叢刊》本，人民美術出版社，1960年；笪重光撰、黃凌整理《畫筌》，山東畫報出版社，2004年。

〔註43〕本文所參閱的畫論史、繪畫思想史、繪畫美學史論著主要有：郭因《中國繪畫美學史稿》，人民美術出版社，1981年；伍蠡甫《中國畫論研究》，北京大學出版社，1983年；周積寅編著《中國畫論輯要》，江蘇美術出版社，1985年；俞劍華編著《中國畫論類編》，人民美術出版社，1986年；王振德編著《中國畫論通要》，天津人民美術出版社，1992年；何楚熊《中國畫論研究》，中國社會科學出版社，1996年；李長之《中國畫論體系及其批評》，上海書店，1996年；李來源、林木編著《中國古代畫論發展史實》，上海人民美術出版社，1997年；陳傳席《中國繪畫理論史》，臺北東大圖書公司，1997年；陳傳席《中國繪畫美學史》，人民美術出版社，2000年；鄧喬彬《中國繪畫思想史》，貴州人民出版社，2001年；劉墨《中國畫論與中國美學》，人民美術出版社，2003年；楊建華《中國畫論與創作》，中國檔案出版社，2004年；

將其繪畫理論和繪畫美學思想大致可歸納為如下幾個方面〔註44〕：對逸品的重新解讀；重視傳統師承，但要有所取捨；重視師法造化；對筆墨、顏色、構圖等方面的獨到見解：繪畫的最高境界在於「天趣」；運墨者含情，鑒畫者生情，「攝情說」〔註45〕。當然，如果要細讀，惲壽平的畫論與繪畫美學思想遠不止於此。

此外，在詩文與書法方面，惲壽平同樣具有不俗的造詣。

惲壽平的詩，也和其繪畫創作一樣，在當朝便享有很高的聲譽。康熙五十五年（1716），武進縣令孫謐（椒圃）將惲壽平與楊宗發、胡香昊、陳煉、唐惲辰、董大倫等六家詩集刊刻為《毗陵六逸集》，而以惲壽平《南田詩鈔》列為第一。清初沈德潛（1673～1769）在選編《清詩別裁集》時也說：「詩亦超逸，毗陵六逸，以南田為上」〔註46〕。惲壽平好友顧祖禹評其詩作：「出入騷雅，上下三唐，大都匠心創別之作，不傍離落，不拾餖釘，吐納六合，俯仰今昔。渾雄雋拔，而沉痛三閭之憂憤乎？柴桑之感歎乎？杜陵之悲怨乎？」〔註47〕，給予很高評價。

惲壽平的詩，其實不少是題畫詩，本身蘊涵其繪畫美學思想，或對畫作的歌詠。因此，如果避開文學意義上的詩歌不論，筆者認為其詩歌的主要意義在於「以詩證史」，或以其詩瞭解其藝術創作思想，如《題燕人王筠侶畫小

張強《中國畫論體系》，河南美術出版社，2005年；賈濤《中國畫論論綱》，文化藝術出版社，2005年；了盧、凌利中《歷代中國畫論通解》，上海畫報出版社，2006年；王世襄《中國畫論研究：世襄未定稿》，廣西師範大學出版社，2010年。

〔註44〕關於惲壽平繪畫理論的精要，諸家均有不同評說，本文是在綜合諸文基礎上的小結。除參閱前述有關畫論史、繪畫思想史和繪畫美學史論著外，主要還參閱以下論文：雷甫鳴《惲南田的畫與畫論》，《南京藝術學院學報（音樂與表演版）》，1981年01期；朱良志《惲南田的繪畫美學思想》，《江漢論壇》，1984年11期；張璦《傳丹青之妙筆，寓象外之奧旨——簡評惲南田的題畫詩》，《南京師大學報（社會科學版）》，1988年第2期；王岳群《論惲南田的美學思想》，載常抒編《常州書學論集》，17～30頁，中國文聯出版社，1999年；謝麗君《莊子對惲壽平繪畫思想的影響》，《美術觀察》2003年02期；謝麗君《佛教對惲壽平畫學思想的影響》，《榮寶齋》2004年01期；鄧喬彬《論惲格的繪畫思想》，《常熟高專學報》2009年9月第五期。

〔註45〕葛路《中國古代繪畫理論發展史》，170～172頁，上海人民美術出版社，1982年。

〔註46〕沈德潛選編、李克和等校點《清詩別裁集》，嶽麓書社，1998年。

〔註47〕顧祖禹《甌香館集·序》，惲格《甌香館集》（別下齋校本），臺北學海出版社，1972年。

鳥立霜枝，紅葉鮮潔可愛，扇為蛟門舍人所得》：「不將螺黛染煙嵐，醉染霜枝與正酣。燕市紅塵藏不得，故留殘墨到江南」〔註48〕，這就將一幅鮮活的花鳥扇面的意境呈現在讀者眼前；再如《獨清圖》：「花從殘歲密，香帶暮煙生。不作繁華想，增余冰雪心」〔註49〕，則是託物寄興，無所依傍。至於《南田畫跋》中的很多論點，其實都是以詩的形式表達出來。因此，對於惲壽平的詩，可以這樣說，其畫學與史學的意義，已經遠遠超越了在文學上的意義。時人對惲壽平的詩歌評價較高，甚至高到超出其本身應有的地位，如《杭州府志》就認為其詩「風致俊逸，可奪昌穀、玉溪之席」〔註50〕，「昌穀」是唐朝著名詩人李賀（790～816），「玉溪」則是另一著名詩人李商隱（約 813～約 858），將惲壽平與兩人相提並論，顯然是有拔高之嫌；顧炎武（1613～1682）認為惲壽平「落筆如子山詞賦，蕭瑟江關」〔註51〕，「子山」即南北朝時期的著名文學家庾信（513～581），顧炎武將惲壽平詩中的意境與庾信作等量觀，顯然也略有溢美之嫌。清初著名詞人鄒祗謨（1627～1670）在評惲壽平詩歌時更說：「南田五言古體，上裔離騷，中參蘇李，下括建安七子，猶路鞀出於土鼓，篆籀生於鳥跡；七言古體，追逐青蓮，又復酷肖奉禮五律，專師浣花絕句，脫然畦封，直與龍標諸賢白戰於變風境上，而莫知雌雄者」〔註52〕，其中提及的「蘇李」是指唐代詩人蘇味道（648～705）和李嶠（644～713）的合稱，「建安七子」是指魏晉時期的孔融（153～208）、陳琳（？～217）、王粲（177～217）、徐幹（171～217）、阮瑀（？～212）、應瑒（？～217）、劉楨（？～217），「青蓮」指李白（701～762），「奉禮」指駱賓王（約 627～684），「浣花」指杜甫（712～770），「龍標」指王昌齡（698～756），幾乎囊括了魏晉至唐代的重要文學家。顯而易見，這是對惲壽平詩歌的誇飾。不過據此亦可看出作為畫家的惲壽平，其詩歌也是未可小覷的。有學者認為惲壽平「三絕」之中，「畫第一，詩第二，書第三」〔註53〕，將其詩歌排在了書法之前，僅次於繪畫，說明其詩歌所佔的分量。有論者將其歸為「毗陵詩派」

〔註48〕惲格《甌香館集》（別下齋校本）卷四，13 頁，臺北學海出版社，1972 年。

〔註49〕惲格《甌香館集》（別下齋校本）卷五，2 頁，臺北學海出版社，1972 年。

〔註50〕惲格《甌香館集・附錄》（別下齋校本），3 頁，臺北學海出版社，1972 年。

〔註51〕惲格《甌香館集・附錄（一）》（別下齋校本），1 頁，臺北學海出版社，1972 年。

〔註52〕惲格《甌香館集・附錄（二）》（別下齋校本），2 頁，臺北學海出版社，1972 年。

〔註53〕蔡星儀《惲壽平的詩與書法》，載蔡星儀《惲壽平研究》，68 頁。

的重要代表人物進行考察〔註54〕，亦說明其詩歌在其藝術生涯中所佔據的重
要位置。

　　惲壽平的詩歌，可以進一步理解成是其充滿詩意的繪畫的延續。他是一個
文人氣很重的職業畫家，由於其家族淵源及其所蘊涵的藝術氣質，使其詩情中
帶著畫意，畫境中透著詩意。所以，清初著名詩人錢澄之（1612～1693）說：
「知南田畫者，當與讀南田之詩」〔註55〕，是很有道理的。不過也有論者認為
惲壽平的詩是因為其畫名太盛而被掩蓋，如莊帽生云：「吾愛南田客，吐詞比
瑚璉。文選理精熟，謫仙分氣炎。託諷多微辭，潔身竟無染。可惜盛名下，詩
為丹青掩」〔註56〕，說明惲壽平詩歌不顯的原因，的確是很有道理的。

　　在書法上，惲壽平與同時代的其他畫家如石濤、八大、查士標一樣，在以
繪畫見稱的同時，亦以書法揚名於世。

　　惲壽平的書法雖然在當時的地位及其對後世的影響遠不及其畫藝，但在
相當一段時間，也引起書畫界的重視。晚清書畫家竇鎮（1847～1928）在其編
輯的《國朝書畫家筆錄》這樣評價惲壽平書法：「書法娟秀，仿褚河南、米襄
陽而變之，自成一格，人稱惲體」〔註57〕。關於「惲體」稱謂的最初來源，現
在已不可考。但在中國書法史上，其書法能單獨成為一體，並以姓氏冠名者，
是並不多見的。而作為一個畫家，其書法能被稱為一體，就更為罕見了。畫家
鄒一桂（1688～1772）評其書：「得河南三昧，泂空前絕後矣」〔註58〕，「河南」
為唐代著名書法家褚遂良（596～659），說惲壽平的書法能得其精要，並不為
過，但說是空前絕後，明顯是有誇張的成份了。相比較之一，清代學者李兆洛
（1769～1841）稱其「書於遊行自在中，別見高雅秀邁之氣」〔註59〕，就比較
中肯實在了。

　　惲壽平的書法除了畫作上的題跋外，真正以獨立形式存世的書跡並不多。
據不完全統計，現在所見到的傳世書跡，大致有十六件，分別是：書於順治九

〔註54〕紀玲妹《清代毗陵詩派研究》，167～172 頁，鳳凰出版社，2009 年。
〔註55〕惲格《甌香館集·附錄（二）》（別下齋校本），1 頁，臺北學海出版社，1972
　　　　年。
〔註56〕莊杜芬、徐梅輯錄《六逸詩話》，轉引自紀玲妹《清代毗陵詩派研究》，172 頁，
　　　　鳳凰出版社，2009 年。
〔註57〕竇鎮輯《國朝書畫家筆錄》卷一，載《中國歷代畫史彙編（第十冊）》，354 頁，
　　　　天津古籍書店，1997 年。
〔註58〕惲格《甌香館集·附錄》（別下齋校本），3 頁，臺北學海出版社，1972 年。
〔註59〕李兆洛《養一齋文集》，轉引自蔡星儀《惲壽平研究》，69 頁。

年（1652）的《行書七言聯》（上海博物館藏）〔註60〕、康熙元年（1662）的
《行楷拜謁祝開美墓七律詩二首》（浙江省博物館藏）〔註61〕、康熙十四年
（1675）的《行書扇頁》（天津博物館藏）、康熙十五年（1676）的《行書臨閣
帖扇頁》（上海博物館藏）康熙十六年（1677）的《行書唱和詩冊（三開）》（北
京市文物局藏）以及無年款的《行書致廷受札頁》（上海博物館藏）、《行書頁》、
《行書七言詩扇面》（均藏廣東省博物館）、《行水臨褚遂良隨清娛誌銘冊》（天
津博物館藏）、《行書七言聯》（遼寧省博物館藏）、《行書詩文稿冊（七開）》、
《行書雜稿（十四開）》、《行書臨帖扇頁（二開）》、《行書七言絕句冊（三開）》
（均藏北京故宮博物院）、《行書論畫詩文卷》（江蘇鎮江市博物館藏）和《手
札卷》（常州市博物館藏）。

　　正如有很多學者在研究中指出的，惲壽平書法是在融匯前賢諸家如王羲
之、索靖（239～303）、褚遂良、鍾繇（151～230）、顏真卿（709～785）、黃
庭堅（1045～1105）、米芾、趙孟頫（1254～1322）、倪瓚等人的基礎上逐漸形
成自己的風格〔註62〕。對於很多卓有所成的書法家來說，這種博採眾家的傳承
加上自己的筆意才有可能形成獨具特色的書風。惲壽平便是在這樣的路徑中
走出的書法家。縱觀其傳世的繪畫題跋及其書法墨蹟，不難看出其個人風格所
在。其書以行楷書和行書為主，其楷書多得力於王羲之、鍾繇，其作品大多為
早年所作的繪畫上的題跋。如康熙三年（1664）、惲壽平三十二歲所作的《靈
巖山圖卷》（北京故宮博物院藏）上的題跋便是其早年楷書的代表。該書端正
秀雅，筆勢謹嚴，方正中似有一種唐代書法家鍾繇之遺韻。不過，這類書在惲
壽平書法中並不常見。較為多見的還是其《行書七言詩扇面》（廣東省博物館
藏）這類作品。該作隨意白然，運筆瀟灑，在結體略為修長的運筆中呈現出一

<hr>

〔註60〕對於該作的真偽，鑒定專家有不同看法，參見中國古代書畫鑒定組編《中國古
　　　代書畫目錄（第三冊）》，文物出版社，1987年。
〔註61〕此作署款為惲日初，但經專家鑒定，當為惲壽平代筆，參見中國古代書畫鑒定
　　　組編《中國古代書畫目錄（第六冊）》，文物出版社，1993年。楊臣彬《明清
　　　中國畫大師研究叢書·惲壽平》中也將此作直接定為惲壽平作品，參見該書69
　　　～77頁。
〔註62〕關於惲壽平書法研究的文章，主要參考以下幾種：蔡星儀《惲壽平的詩與書
　　　法》；楊臣彬《秀勁之書，獨至之詩——書法與詩的藝術成就》，載楊臣彬《明
　　　清中國畫大師研究叢書·惲壽平》，68～81頁；鄧旭《畫如其人論南田》，《涪
　　　陵師專學報》第17卷第3期，2001年7月；葉鵬飛《論惲南田的書法藝術》，
　　　《書畫世界》2007年01期。

種流麗與勁健。這種書法一以貫之地持續到晚年，在其傳世的大量繪畫上的題跋大多如此，如康熙九年（1670）、惲壽平三十八歲時所作的《秋山雨晚圖卷》（上海博物館藏）〔註63〕、康熙十四年（1675）、惲壽平四十三歲時所作的《夏山過雨圖》扇面（北京故宮博物院藏）及無年款的《蒼松翠竹圖》（常州市博物館藏）的題識等均是其典型書風的代表。

惲壽平因其擅詩、書、畫，且均表現不俗，因而時人有「南田三絕」之謂〔註64〕。在談及詩、書、畫時，惲壽平有過一段精彩的論述：「詩意須極縹緲，有一唱三歎之音，方能感人。然則不能感人之音，非詩也。書法、畫理皆然。筆先之意，即唱歎之音，感人之深者。捨此，亦並無書畫可言」〔註65〕，在惲壽平傳世的詩、書、畫中，我們看到其這種「感人」的精華部分。正是這種無論是詩文，還是書畫中時常流露出的「唱歎之音，感人之深者」，使惲壽平無可置疑地成為清代以來的一代書畫大家。

第四節　惲壽平早期藝術軌跡──以《竹石花卉圖》冊為中心的考察

惲壽平的《竹石花卉圖》冊（中國國家博物館藏）又稱《墨筆山水花卉冊》，凡十九開，其中畫心八開，題跋十一開。題跋中，前兩頁為王澍（1668～1743）以玉箸篆題引首兩頁：「南田天兒，虛舟」，鈐朱文方印「恭壽」。第一頁右下側鈐朱文方印「□栗所藏」。在八開畫心的對頁，為羅天池（1805～1866）對題，其紙為不規則便條，與畫心尺幅不一。在畫心之後，為王澍題跋一頁，沈鳳和王文治題跋一頁。該畫冊為惲壽平少見的早年墨筆寫意之作，不僅可見其早期師法前賢的筆墨情趣，亦可見其早期作品鑑藏與藝術傳播的軌跡。

一、《竹石花卉圖冊》解讀

畫心第一開乃惲壽平畫《竹石蘭花》。所繪山石右後側為三株翠竹，前側

〔註63〕中國美術全集編輯委員會編《中國美術全集・繪畫編 10・清代繪畫（中）》，32～33 頁，上海人民美術出版社，1989 年。

〔註64〕《江南通志》，轉引自惲格《甌香館集附錄（二）》（別下齋校本），4 頁，臺北學海出版社，1972 年。

〔註65〕惲格著，蔣光煦輯《甌香館集補遺畫跋》（別下齋校本），1 頁，臺北學海出版社，1972 年。

為一叢翠竹，左側為旁逸斜出的蘭花，石上有濃墨點苔。翠竹中，近處之竹葉為濃墨，遠處之竹竿為淡墨。蘭草均為淡墨渲染，而山石之陽面為留白。作者自題曰：「畫石待勢乃佳，此柯（敬）仲變體」，鈐兩印，第一印漫漶不清，第二印乃白文方印「雪衣居士」。題識中「柯」和「仲」之間缺損，從上下文及對頁的羅天池題跋可知缺字當為「敬」。「柯敬仲」即為柯九思（1290～1343），既是元代有名的書畫鑒藏家，又是擅畫墨竹的名畫家。羅天池在對頁題跋曰：「敬仲有此結構，無此神韻，自題仍屬扰詞」，鈐朱文長方印「六湖」。在羅看來，惲壽平所言是柯九思的「變體」乃自謙之詞。若將其與柯九思相關作品比較，就可發現惲壽平側重於寫意揮灑，有逸筆草草之慨，而柯九思則較為工整秀逸，如其《晚香高節圖》（臺北故宮博物院藏），對墨竹、山石及花草的刻畫重於形似。就筆墨而論，柯九思以乾筆寫就，且山石有皴擦之痕，而惲壽平則多用濕筆，有水墨淋漓之感。柯九思用筆較為穩健，而惲壽平較為恣肆。就筆意來說，惲壽平此畫似乎得徐渭（1521～1593）逸韻更多。他自稱是柯九思「變體」，成為的論。

畫心第二開乃惲壽平畫《竹石小草》。所繪山石相對，溪流從山間留出。山石右後側可見數叢小竹，左後側則可見兩株碩大的樹幹。溪流右岸生長著茂盛的雜草。在草叢對岸，則為光禿的山石，石上有濃墨點苔。作者在畫心左下側自題曰：「雲林畫石最秀逸，用筆簡而厚」，畫心右下側鈐朱文方印「叔子」。惲壽平在論倪瓚時曾說：「迂翁之妙會，在不似處。其不似正是潛移造化而與天遊。此神駿滅沒處也。愈似所以愈離，可與言此者鮮矣」〔註66〕，所謂的「似」在於形，而不似在於「神」。在倪瓚的代表作《梧竹秀石圖》軸（北京故宮博物院藏）中，可見其畫石之「逸」，而用墨則多用乾墨，以破筆渲染，飛白處有乾枯之感，頗得勁健與練達之韻。在惲壽平此畫中，既能得倪氏之「似」，亦能得其神，尤其是倪瓚畫中「秀逸」和「簡淡」的意境，在惲氏畫中得到很好傳承，但在用墨與用筆方面，似乎與倪氏仍有諸多相異處，秀逸有餘而老辣不足。羅天池在對頁題跋說：「較倪略變樹法，參用子久也。其空處不可及也，畫家以逸品為上，觀此益信」，鈐朱文長方印「六湖」。羅氏謂其略變倪瓚樹法，並參用黃公望之法，但就其樹和竹石而言，仍然是倪瓚一路。在筆意中，他能得倪瓚畫中超逸而淡雅的筆墨氣韻。所以，羅天池

〔註66〕惲壽平《題迂翁》，惲壽平著，張曼華點校、纂注《南田畫跋》，19 頁，山東畫報出版社，2012 年。

稱其為「逸品」，惲壽平此畫應是當得此言的。

畫心第三開乃惲壽平畫《磐石松竹》。畫心右側近三分之二為磐石，磐石左下側為樹枝翠竹，右上側為斜出之兩株松樹，只見樹身，未見樹杪。遠處則為影影綽綽的樹幹。磐石陽面為留白，他處為乾筆皴擦，偶有點苔。翠竹及松葉多用濃墨，而樹幹為淡墨。作者在磐石左上側自題曰：「磐石略近張貞居」，鈐朱文方印「叔子」。「張貞居」為元代畫家張雨（1277～1349），擅畫山水，作品傳世極少，目前所見有《仿鄭虔林亭秋爽圖》（臺北故宮博物院藏）。該圖構圖繁密，山石如雲卷雲舒，刻畫細緻入微，石之肌理得到很好的呈現，顯示出作者用筆細膩、工整而勁練的筆墨特點。惲壽平的磐石，能以寫意之筆得石之紋理，在張雨的山石中略變之，以見其食古而化的藝術趨向。有趣的是，此畫並無羅天池對題，或為流傳中散佚。

畫心第四開乃惲壽平畫《枯樹山石》，左側為枯樹一株，枯枝斜出，枝丫頗有宋人蟹爪枝之遺韻。右上側為盤曲的山石，與枯樹形成對角之勢。山石以淡墨皴染，兩石交匯處為濃墨點染。畫心右下側為茂密的小草，密而不亂。作者在畫心右上側自題曰：「陸天遊蕭散之筆」，鈐朱文方印「叔子」。「陸天遊」即元代畫家陸廣，擅畫山水，兼擅花鳥及書法，有《仙山樓觀》、《五瑞圖》（均藏臺北故宮博物院）和《楷書詩簡帖》頁（北京故宮博物院藏）等行世。其《仙山樓觀》中山石粗獷，樹木細緻，有清潤蒼古之氣。羅天池在對頁題跋曰：「陸天遊以縝密勝，絕類叔明，間有蕭疏，本乃晚年作此，寓縝密於淡宕之中，殆南田變格，正如如來說法，隨種種求，隨種種有。宜石谷之傾倒也」，鈐朱文長方印「六湖」。「石谷」即清初山水畫家王翬，與惲壽平為至交。正如羅氏所言，惲壽平雖言有陸廣筆意，實則為「變格」，是在陸氏「縝密」和「蕭疏」基礎上的「淡宕」，是其學古人之法而為我所用的藝術踐行結晶。

畫心第五開乃惲壽平畫《墨松》。所繪樹幹與松枝虯曲婀娜，竭盡婉轉多姿之態。與前述諸畫多用淡墨不同的是，此畫以濃墨為主，濃淡相宜，將水墨的恣肆淋漓發揮到極致，這在惲壽平水墨花卉中並不多見。作者在畫心右下側自題曰：「梅沙彌墨葉」，鈐朱文方印「叔子」。羅天池在對頁題跋曰：「梅華庵主見此，當為咋舌，似此淋漓飄逸，實南田生平僅見之作。正如右軍《蘭亭敘》、北苑《夏山圖》，不能再索也」，鈐朱文長方印「六湖」。惲壽平所言的「梅沙彌」和羅天池所言的「梅華庵主」都是指「元四家」之一的吳鎮，擅畫山水和

梅竹。惲壽平自言此畫得自吳鎮的墨葉，在吳鎮相應的作品如《松石圖》軸（北京故宮博物院藏）中，可見其水墨枝葉的墨韻，與惲畫相比，則吳畫淋漓而蒼潤，而惲畫淋漓而恣肆。羅天池將惲畫與王羲之《蘭亭敘》和董源的《夏山圖》相提並論，或有溢美之嫌，但亦可見其對此畫的推崇之意，就其在水墨的遊刃有餘方面，確乎是技高一籌的。

　　畫心第六開乃惲壽平畫《枯樹岩石》，無題，鈐朱文方印「壽平」。畫心左側三分之二位置所繪為嶙峋的山石，右側六分之一左右為數株樹，其餘為留白。山石以縱筆皴擦，以乾筆淡墨皴染，偶有濃墨點苔。樹木以濃墨繪就，但見枝丫，未見樹葉。無論是山石，還是樹木，都表現出荒寒、枯淡與空靈之感。羅天池在對頁題跋曰：「胸羅萬有乃能空諸所有。此種境界，鈍根人何從夢見」，鈐朱文長方印「六湖」。在羅天池看來，惲壽平因為胸有萬物，故能「空諸所有」，因而才能達到這種空靈的境界。畫中惲壽平並未言此畫源自何家，但從樹木來看，似乎得倪瓚尤多，而山石亦有倪氏筆意。

　　畫心第七開乃惲壽平畫《墨菊》，所繪為三叢折枝墨菊。近處之菊葉為濃墨渲染，花朵及遠處之菊葉為淡墨勾染。無論花葉，還是花瓣，都有墨線勾勒的痕跡。花葉在勾勒之後，再以淡墨或濃墨暈染，而花瓣在勾勒之後，大多為留白，頗似白描法。墨菊在畫心右側約占四分之三位置，左側四分之一左右為作者自題：「寫菊最近俗，以其易如，故極難耳。大諦要訣在淋漓瀟灑。寫葉須極淋漓，畫花極瀟灑。花亂而能整，葉密而不繁，斯得之矣」，無款，右下側鈐朱文方印「叔子」。由惲氏自題可看出，其對此墨菊是頗有自得之意。羅天池在對頁題跋曰：「此南田少年狡獪之作，王夢樓謂為少作，殆於此得之」，鈐朱文長方印「六湖」。「王夢樓」即王文治，在此冊後有其題跋。羅天池的生年比王文治晚七十五年，羅天池是在其題跋之後的另紙所題。惲壽平曾說：「墨菊略用劉完庵法，與白陽山人用筆有今古之殊。鑒者當得之，唐解元墨花遊戲，虢國夫人馬上淡妝，以天趣勝耶」〔註67〕，「劉完庵」即明代書畫家劉鈺（1410～1472），工山水，兼擅花卉，但傳世作品極罕，故無從得知惲氏墨菊與其異同處，但據此可知惲壽平墨菊的源頭。「白陽山人」為陳淳，以水墨花卉著稱，與徐渭並稱「青藤白陽」。

　　畫心第八開乃惲壽平畫《墨松》。惲氏以淡墨所繪一株松的樹幹從畫心左

〔註67〕惲壽平著，張曼華點校、纂注《南田畫跋》，166頁，山東畫報出版社，2012年。

下側分叉斜出，上面一乾又長出新枝，枝上長滿茂盛的松針，一顆松果綴在枝上頭。墨松佔據了畫面三分之二位置。作者用筆粗中有細，粗處如樹幹，破筆皴染，再輔之以點苔，細處如松針，細如髮絲，密而不亂。作者在畫心右側自題曰：「獨立不改色，貞風留古琴。惟能飽霜雪，長有歲寒心。馬遠松枝小幀，在虎林友人齋曾見之，時往來於懷，此作即仿其意」，無款，在畫心右下側鈐朱文方印「叔子」。由其題識可知，此畫乃仿南宋畫家馬遠筆意。在馬遠的《松壽圖》軸（遼寧省博物館藏）中，可見其所繪松樹工整秀逸，曲盡其態，惲氏能得其虯曲之態，而墨韻卻與其有霄壤之別。馬遠所繪松幹及松枝、松針等，均以水墨、褐色、花青和茶色等多種色彩相融合，用筆勁健，而惲氏則以淡墨為主，濃墨為輔，在濃淡乾濕中刻畫松樹。二者的相同處在於將古松盤曲而遒勁之態畢現於紙。羅天池在對頁題跋曰：「此南田平正通達之作，蓋由唐子畏得逕，其近來贗本頗多，得此可以較正千萬」，鈐朱文長方印「六湖」。「唐子畏」即「吳門畫派」的唐寅（1470～1524），以山水、人物見稱，偶亦畫花卉。羅天池認為惲壽平的此畫是取法唐寅，在唐寅的《葑田行犢圖》軸（上海博物館藏）中，大抵可見其取法之路徑。從此圖看，惲壽平對於松枝及松針的描繪，似乎從唐寅處滋養要比從馬遠處所得要多。羅天池甚至認為可將此畫作為鑒定惲畫的範本，足見此畫在鑒藏家視野中的地位。

惲壽平的八開畫心都是水墨寫意，多取法宋元諸家，如馬遠、柯九思、倪瓚、陸廣、張雨、吳鎮等都是其傳移模寫的對象。此外，也從明代畫家如唐寅、劉鈺處得其法乳。這些作品雖然沒有年款，但正如王文治和羅天池題跋所言，都是其年少之作，據此可知惲壽平早期取法宋、元、明各個水墨寫意花卉的藝術路徑，而得益於元人最多。惲壽平曾說：「作畫須優入古人法度中，縱橫恣肆，方能脫落時徑，洗發新趣也」〔註68〕，惲壽平正是在「古人法度」中縱橫捭闔，因而形成了早期繪畫的風格，這八開水墨寫意《竹石花卉圖》冊，便是一個極好的例證。

二、以《竹石花卉圖冊》為例的惲壽平繪畫的鑒藏與接受

在引首和畫心之外，《竹石花卉圖冊》冊尾尚有王澍和沈鳳、王文治題跋。從這些題跋大致可見其流傳與傳播的過程，亦可見清代康雍乾嘉以來對惲壽

〔註68〕惲壽平著，張曼華點校、纂注《南田畫跋》，153頁，山東畫報出版社，2012年。

平的認同。

王澍題跋曰：「此南田率爾酬應之作，而天真爛然，生態橫溢，良絲天姿超邁，如鬘持仙子，不食人間煙火，故無所用意而工益奇也。余在京師，湯世丈良穉以此冊見寄，吾友沈凡民見而愛之，遂以移贈。今日重觀，殆如武陵漁人再入花原矣。雍正丙午十有一月十四日，虛舟書後並題額」，鈐朱文方印「恭壽」和白文方印「澍。」王澍對此冊的評價在其天趣及脫俗，並談到此冊曾由湯良穉收藏。湯良穉之後，由王澍收藏，再由王澍移贈沈凡民。王澍比惲壽平小三十五歲，惲壽平下世之時，王澍二十三歲，故其未必與惲氏有過交遊。但從目前所知的此冊最早收藏者湯良穉所處年代看，王澍稱其為「世丈」，一般來講，應是比王澍年齡要大，或輩分要高，故湯良穉與惲壽平的年齡相差要比王澍與其相差要小，兩人極有可能生活在同一時期，甚至有過交遊，因而此冊便有可能是直接來自於惲氏。即便兩人沒有任何交集，但此冊由惲壽平完成到湯良穉收藏，中間較少或無別的人收藏是可確定的了。「沈凡民」即沈鳳（1685～1755），字凡民，號補蘿、凡翁、謙齋、颿溟、樊溟等，江蘇江陰人，官南河同知、江寧南捕通判和徽州同知等，王澍弟子，與袁枚（1716～1797）交善，袁氏隨園聯額皆其手書，袁枚稱其「業精而學博，其餘技刻畫金石，古麗精峭，如斯、冰復生」〔註69〕，擅書畫篆刻，尤工山水，兼擅人物，有作於康熙五十年（1711）的《白描洛神圖》軸（南京博物院藏）、《水仙圖》卷（天津博物館藏）、雍正十三年（1735）的《臨邊定屋舟圖》軸（廣州藝術博物院藏）、乾隆元年（1736）的《山水冊（十二開）》（天津博物館藏）、二年（1737）的《為友竹作山水》軸（蘇州博物館藏）、十二年（1747）的《臨王蒙秋山蕭寺圖》軸（上海博物館藏）、十三年（1748）的《潤崗築室圖》軸（天津博物館藏）、十四年（1749）的《百事大吉圖》軸（天津博物館藏）、十五年（1750）的《仿曹雲西山水》軸（四川大學博物館藏）、十八年（1753）的《斷山叢筱圖》軸（遼寧省博物館藏）和無年款的《山水》軸（上海朵雲軒藏）、《山水冊（十二開）》及《行書格言》軸（均藏北京故宮博物院）等行世。

王澍的題跋書於雍正四年（1726），時年王澍五十九歲，沈鳳四十二歲。此時的畫冊已由沈鳳收藏。在王澍的題跋之外，是沈鳳和王文治題，兩人之題在同一開紙上。

〔註69〕袁枚《小倉山房文集》，引自馮金伯《國朝畫識》卷十一，清道光刻本。

沈鳳題跋曰：「往在京師，見一冊十二頁宋元紙，大小不一，想南田意到之作，自存為枕秘者也。內有石榴一株，如生。芍藥花二朵，嬌嫩可愛。餘皆山水，各有題詠。其末一首云：有此山川，無此筆墨。鍾子不存，雅琴太息。大有世無知己之感。余摩挲久之，考其所自，乃毗陵楊芝田先生家物也，後歸舒太史子展。子展寓居孫公園，緣蔡宗伯方麓遇火延燒及其第，即隨□龍俱化，不勝惋惜云。乾隆七年歲在壬戌重九日，席曰山中人沈鳳書於靈璧之退思居」，鈐朱文方印「鳳」和白文方印「沈凡民」。沈鳳的題跋中談到了另一套惲壽平的十二開花卉山水冊，曾經楊芝田、舒子展收藏，後在蔡方麓宅邸中遇火災而化，不勝唏噓。「楊芝田」為楊大鶴（？～1715），字九皋，號芝田，江蘇武進人，康熙十八年（1679）進士，官左春坊諭德兼翰林院修撰，擅詩文書法，著有《野雲軒詩稿》、《芝田集》、《賜硯齋詩集》和《稻香樓詞》等，有《行書軸》（四川博物院藏）行世。「舒子展」為舒大成（1695～？），字子展，順天大興（今屬北京）人，康熙五十一年（1712）進士，授翰林院檢討、翰林院庶吉士，著有《試墨齋詩集》。「蔡方麓」為蔡升元（1652～1722），字方麓，號徵元，浙江德清人，清康熙二十一年（1682）狀元，歷官會試同考官、日講起居注官、左都御史和禮部尚書等，擅詩文書法，有作於康熙四十年（1701）的《行書過雄山詩》軸（河北省博物館藏）行世。沈鳳提及的已經毀掉的惲壽平畫冊，曾經亦由王澍收藏，王澍在題《惲南田詩畫》中談及此事：「吾向亦有一小冊，妙處更出此上，為亡友舒子展借觀，火燒以去」〔註70〕，與沈鳳此題可相互印證。沈鳳題於乾隆七年（1742），是在王澍題跋之後的十六年。

王文治（1730～1802）題跋云：「南田畫深得元人氣韻，秀潤之致，撲人眉宇。此冊乃其少作，都是極經意之筆。余以為得明賢真蹟易，得南田真蹟難。敢以質之隨園前輩。壬子閏四月五日杭州寓齋王文治記」，鈐朱文方印「王氏禹卿」。「隨園前輩」即袁枚，王文治題於乾隆五十七年（1792），是為袁枚所題。此時的王澍已經故去四十九年，而沈鳳已經故去三十七年。

從諸家題跋及博物館藏品檔案可勾勒出惲壽平《竹石花卉圖》冊較為清晰的鑒藏脈絡。現以收藏先後為序列表如次。

〔註70〕王澍《虛舟題跋》卷十，王澍著，李文點校《虛舟題跋·竹雲題跋》，222頁，浙江人民美術出版社，2015年。

序　號	鑑藏者	大致時間	依　據	備　註
1	湯良穉	康熙或雍正初年	王澍題跋	題於 1726 年
2	王澍	康熙或雍正初年	王澍題跋	題於 1726 年
3	沈鳳	乾隆早期	沈鳳題跋	題於 1742 年
4	袁枚	乾隆中期或晚期	王文治題跋	題於 1792 年
5	長沙徐氏	1982 年以前	藏品檔案	
6	中國國家博物館	1982 年至今	藏品檔案	徵集購買

　　與此同時，在惲壽平的《竹石花卉圖》冊題跋中，還提到了王澍時人鑑藏另一件惲壽平花卉山水冊的情況。此冊的參與者有王澍、楊大鶴、舒大成、沈鳳和蔡升元等。雖然此冊為祝融所噬，但其鑑藏經歷卻有賴沈鳳的題跋及王澍的記載而留下痕跡。王澍與其弟子沈鳳之間對於惲壽平作品的鑑藏遠不止此，王澍在雍正八年（1730）為沈鳳所藏的惲壽平《新柳圖》軸題跋中說：「僕嘗論作書，意到筆不到乃入神品。南田圖新柳裁數筆耳，而蕭疏閒遠正多事外逸致。此種蹊徑正非食煙火人所能辨也。吾友沈太學驪溟以無意獲之，豈非至幸！雍正庚戌十二月廿三日，良常王澍觀並書」〔註71〕，這種對於惲壽平作品一以貫之的品鑑與揄揚顯示出其時知識階層對惲壽平作品的接受與厚愛。

　　在以上的鑑藏或題跋者中，最早的王澍，其藝術活動時間在康熙後期、雍正年間及乾隆前期；最晚的是袁枚和王文治，其藝術活動時間在乾隆時期和嘉慶前期。他們的時間在康熙後期至嘉慶前期之間，也即十七世紀後期到十八世紀後期，前後持續一百年左右。王澍和沈鳳是師生，同時與楊大鶴、舒大成、沈鳳和蔡升元又是好友，沈鳳、王文治與袁枚是好友。無論他們是否同屬一個朋友圈，他們大多為進士及第或另有功名，且兼擅書畫或雅好書畫收藏，又大多在詩文方面有所建樹。尤其是王澍、袁枚和王文治，或雅擅臨池，被稱為書壇翹楚，或在文學上獨佔鰲頭，是其時主流文人圈的代表人物，在各自的領域獨擅勝場。王澍在康熙時以善書法特命充五經篆文館總裁官，論者謂「國朝書家，探源篆隸，精習晉唐一點一拂，卓然自立，不踐香光堂廡者，惟良常一人。倘生唐初，自應與率更接席」〔註72〕。王文治在書法方面與劉墉（1720～1804）齊名，其時有「濃

〔註71〕龐元濟撰，李保民校點《虛齋名畫錄》卷九，534 頁，上海古籍出版社，2016
　　　　年。
〔註72〕裴景福《壯陶閣書畫錄（下）》卷十七，592 頁，學苑出版社，2006 年。

墨宰相，淡墨探花」之稱〔註73〕，在詩歌方面與袁枚、蔣士銓（1725～1785）和趙翼（1727～1814）並稱「袁王蔣趙」〔註74〕。袁枚是詩歌中「性靈」的倡導者和踐行者，「在乾嘉時期的詩壇上產生了巨大的影響，取得了盟主的地位，主持風雅數十年」〔註75〕。由此可見，在清代康熙、雍正、乾隆和嘉慶年間，惲壽平受到文官集團——尤其是主流文化精英的追捧。在一件由清代佚名畫家為清宗室奕淶（1787～1850）所作的《課僕圖》卷（中國國家博物館藏）中，廳堂中便懸掛著惲壽平花卉畫〔註76〕，亦可看出其時貴族階層對惲壽平繪畫的鍾愛。

《竹石花卉圖》冊是惲壽平早期繪畫藝術的縮影。在此冊中，不僅看出其早年臨習馬遠、柯九思、倪瓚、張雨、陸廣、吳鎮、劉鈺、唐寅等前賢筆墨的狀態，亦可反映其在沒骨花卉之前的藝術演進軌跡。在此冊的鑒藏與傳播中，更可見出其時士大夫階層對其繪畫的接受與推崇。清人秦祖永（1825～1884）稱其「能事寫生，只行今古」，「花卉斟酌古今，以北宋徐崇嗣為歸，一洗時習，獨開生面，為寫生正派，比之天仙化人，不食人間煙火也」〔註77〕，因而在既往的研究中，大多可見其溯源徐崇嗣的筆墨正宗，未見其早期對宋、元、明——尤其對元代諸家研習的痕跡，《竹石花卉圖》冊為我們提供了另類的解讀惲壽平藝術的樣本。尤為難得的是，在《竹石花卉圖》冊中，惲壽平表現出不落俗套，未見時習的筆墨情趣，在水墨中盡顯其雅趣，這是其後來的沒骨花卉能走得很遠，且受時人及後世激賞與追捧的主要原因。考察《竹石花卉圖》冊的藝術成因及鑒藏傳播，便可略窺惲壽平藝術嬗變歷程及其作品在後世的接受史，故從這一點來看，其意義顯然已超越其繪畫本身。

第五節　惲壽平繪畫的鑒定與收藏——以吳湖帆鑒藏為例

吳湖帆（1894～1968）為二十世紀著名的書畫鑒藏家與畫家。他一生鑒藏名家書畫無數，單就其現存於世的、經其鑒藏題跋的書畫就有近千件。和人多

〔註73〕《清史稿》卷五三0《列傳》二九0《藝術》二，轉引自劉奕點校《王文治詩文集》，775 頁，人民文學出版社，2014 年。

〔註74〕王平《探花風雅夢樓詩：王文治研究》，49～52 頁，鳳凰出版社，2006 年。

〔註75〕朱則傑《清詩史》，268 頁，江蘇古籍出版社，2000 年。

〔註76〕朱萬章《另類課讀：〈課僕圖〉及相關問題考》，《湖北美術學院學報》2022 年第 3 期。

〔註77〕秦祖永撰，黃亞卓校點《桐陰論畫》卷首，16 頁，上海古籍出版社，2015 年。

數收藏家迥異的是，他對前人書畫的鑒藏，並非侷限於簡單的欣賞把玩與擁有，而是融鑒定、品評及研究、臨摹、創作於一體，藉此達到鑒與藏的真正目的。這與今人所追逐的鑒藏即投資的理念大異其趣。從其對惲南田書畫的鑒藏活動便可見其一斑。

吳湖帆對惲南田作品可謂情有獨鍾。他視惲氏「書畫落筆無塵埃氣」，深得文人畫旨趣。在「清初六家」中，他認為「煙客（王時敏）以柔，南田（惲壽平）寓巧，麓臺（王原祁）存拙，漁山（吳歷）取生，石谷（王翬）存熟，獨湘碧老人（王鑒）剛柔並濟……」（吳湖帆題《王圓照山水冊》）；「石谷能實處實做，麓臺能虛處虛做，……漁山能於虛處實做，南田能於實處虛做。即漁山之能虛，南田之能實也……」（吳湖帆題《王翬唐宋人詞意圖》冊），將惲南田置於「清初六家」的大環境中品評，指出其異同，深味其奧旨，可謂得個中三昧。

在吳湖帆日記中，記錄過眼的惲氏書畫不計其數。就傳世書畫而論，據不完全統計，經其鑒藏、題跋和品評的惲氏書畫大致有二十餘件，且多有題跋，並在日記、隨筆中不乏記錄，據此可看出其對惲氏書畫的鑒藏心得。

吳湖帆對惲畫的鑒定頗為自負，其心得體會尤勝於鑒藏其他名家。在《日記》中，他曾這樣寫道：「惲畫傳世多纖弱，當時謂見石谷甘自退讓，此語竊有疑焉。惲之為何等瀟灑曠達，豈其畫如弱女子哉？今獲此圖，始信惲畫之真面，其纖弱一種蓋皆贗鼎耳……余自云惲畫所鑒不失，未知世間巨眼肯余言否？」其自得之意，溢於言表。其中所謂的「此圖」，即為備受其推崇的《茂林石壁圖》。該圖被許為「惲畫第一品」，稱其「筆墨恣放，睥睨一世，洵為奇蹟。去年餘得於泗州楊氏者，旋為蔣谷孫激賞易去，至今惜之」（1933 年 2 月 13 日日記），並在其詩堂題「天下第一惲南田畫」八大字，認為「此真南田傑作。就余所見真蹟，以山水論，七八軸、四五卷、五六冊，皆不逮之。昔為餘物，去年舉以易米，歸谷孫矣」（1933 年 2 月 20 日日記）」。吳氏屢次言及，已超乎尋常做派。不僅如此，在其題《惲壽平王翬山水合璧卷》也不厭其煩地述及：「余所見惲氏畫以此卷及《茂林石壁圖》為甲觀。《茂林圖》余以易董文敏畫，歸密韻樓矣，至今悵然」。吳氏反覆點贊的這件惲氏山水畫，現藏於北京故宮博物院。然而，據書畫鑒定家楊臣彬言，吳湖帆弟子徐邦達（1911～2012）便對此作頗有不同看法，認為該畫筆力軟弱，不僅非惲氏精品，甚至可稱為贗品，以故楊氏在選編《惲壽平精品集》時，經反覆考量，並未將其納入書中；而徐邦達在《古書畫過眼要錄（九）》中著錄惲氏繪畫數件，也獨不見此作。

吳湖帆與徐邦達同為「法眼」、「巨眼」，對同一件作品的鑒定意見卻相左如斯，可見書畫鑒定之難與不可確定性，實非常人所想像。

吳氏鑒藏的惲氏另一件山水為《古木寒煙圖》（上海博物館藏），他同樣對其推崇備至：「用筆則軟若游絲，勁如屈鐵，外柔內剛，是所謂綿裏藏針。用墨則披沙煉金，點畫精華，況天賦絕人，是非石谷能及」。就筆者所細察，此畫確如所言，筆精墨妙；然上述《茂林石壁圖》，則書款與筆墨與他作判若天壤，不乏可疑之處，有學者揣度吳氏乃何等法眼之人，怎會如此，或因與他人交換董其昌作品，故意將其拔高亦未可知。我們在閱讀前人文字時，斷不可望文生義，忽略其歷史語境。再或者故宮所藏之此圖，或為後人臨摹仿作，並非吳氏所親見之此圖，所謂此圖非彼圖也。因筆者未見此圖原件，不敢妄下結論，姑妄存此備考。

吳湖帆不僅透析惲南田山水畫之風格、真偽，更追逐其源流及傳承。他指出惲氏山水「最得馬和之用筆法」，於後世的影響，則主要為「揚州畫派」的華岩（1682～1756）：「新羅則由南田來矣」，華岩「獨山水每不入格，偶摹南田早作尚有韻」。惲南田以花卉著稱，山水鮮有人論及，尤其華岩山水之源流，吳氏可謂先聲之言。

吳湖帆經過考察，認為「惲南田四十五歲以前多畫山水，偶作花卉，十不得一。晚歲多寫花卉，山水亦十不得一二矣。」這個時間點，是瞭解惲氏藝術嬗變過程和藝術分期的重要依據。

對於惲氏山水的鑒識，或有不同看法，而對於惲氏花鳥，吳湖帆則是切中肯綮。他曾在惲氏《花卉冊》（上海博物館藏）中題跋道：「余最愛南田翁花卉，蓋其天資豐神，堪稱空前絕後。雖起徐、黃亦未必能過，其後如南沙（蔣廷錫）、新羅亦跳不出其籬籠」，不僅說出對惲氏的偏愛，對其於後世的影響，亦言之鑿鑿。冊中諸畫，吳氏或析其源流，或考其技法，或論其品格，或鑒其年份……不一而足，以見其鑒藏之用心。如題《秋葉》，說「此圖乃仿錢舜舉法，觀故宮藏玉潭（錢選）《秋瓜》小卷，可知南田神契處」；而題《翠花紅塘》則云：「畫中紫色最難，而淡紫色入神更難。南田翁賦色之妙，真是千載獨步。圖中二花真有臨風縹緲之態，神乎技矣」；題《繡球花》，言其「此圖在筆力處取勝，大有石田翁（沈周）蒼秀兼具之態」……等等，言之在理，非深於惲畫者不能至。

對惲氏《山茶臘梅圖》（無錫博物院藏），吳湖帆不僅題詩其上：「寫生沒骨晚年期，睥睨徐黃下筆時。花事歲寒顏色好，先春竟豔雪霜枝」，更寫出其鑒畫心得：「南田翁此圖蓋晚年作，用筆秀美，已臻神境，折枝結揆，純對花

鳥寫照出也」；於《貓撲蝶圖》（又稱《秋花貓蝶圖》），吳湖帆則在其日記中記錄其購藏過程：「昨日下午孫伯淵攜來南田畫《貓撲蝶圖》，紙本，此圖偽本作於絹素者，余曾見二三本，此圖真蹟也」，「今日午前，孫伯淵將惲貓取來，以三百廿元成交，妙品也」。此畫入藏梅景書屋後，吳湖帆在其裱邊題跋云：「南田翁寫生花卉熔冶徐、黃，越宋超元，為有清一代冠冕。此圖作於康熙甲子，是年五十二歲，正擱作山水而專事寫生時筆，宜其生動神化，橫絕千秋也」，顯示其對此畫的極度重視與推許。

對惲南田的書法，吳湖帆亦有獨到的探究與體味。他指出，惲南田「早年題字學鍾太傅（鍾繇），方闊沉著，晚歲參學褚河南（褚遂良）、《蘭亭》，飛舞流利，人人以為惲書佳處在此，余以為反不若早歲為妙」。當然，就惲氏書法而言，早期的書法秀麗文靜，頗得文人雅趣，故被吳氏所偏愛，當在情理之中；而其晚年的書法則老辣穩重，隨意自然，也是別具另一番趣味。

吳氏平生並未像其大弟子張珩（1915～1963）、王己千（1907～2003）、徐邦達一樣有專著行世，現今刊行之《吳湖帆文稿》也多為其日記和題跋、讀畫隨筆等。他一生對鑒定理論、個案研究均未專門涉及，但正是這些碎片式的記錄有助於我們瞭解其鑒定精華。他沒有談及時代風格、個人風格、筆墨氣韻、個性語言等現代書畫鑒定學的專業術語，但其隻言片語，無不涵括其中。從其鑒識惲畫即可窺其全豹。據此稱吳湖帆為現代書畫鑒定學之奠基者、開拓者，則並不為過。

在品評之外，吳湖帆對惲氏繪畫的鑒定尤有獨到見解。經其考訂，惲壽平有一枚朱文方印「壽平」。他認為在乙丑（1685）以後，此「壽平」朱文方印「平」字下直灣處已斷，甲子（1684）以前「平」則是完整的。這種細微的考察是其閱畫無數之後的經驗之談，對惲南田作品的證偽起著關鍵作用。由於惲南田在畫壇影響巨大，在清初便有「莫不家南田而戶正叔」的現象，所以在當時就出現代筆和作偽現象。在吳湖帆日記中，他指出其代筆人主要有范廷鎮（字祉安）和馬元馭。他認為范氏「畫法花卉，與南田能亂真。各書俱不載，以年代筆法論，當是南田弟子」，「其門人范某專學惲氏晚年書，甚肖，不可不細察也」。他所言「各書俱不載」，實則在《讀畫輯略》《畫傳編韻》《清畫家詩史》中均有記載，謂范廷鎮「能作花卉草蟲，並書法，俱效惲壽平」。雖如此，但「范廷鎮」作為惲畫的代筆人，卻是吳湖帆的重要發現。就現在所見到的范廷鎮傳世作品而論，其畫風與惲南田可謂惟妙惟肖，其藝術之淵源一目了然；

而馬元馭「為南田高弟，世傳惲畫中之極妍麗嫵媚者半出馬氏手」，從馬氏傳世的作品如《葡萄圖》（廣東省博物館藏）、《枇杷圖》（南京博物院藏）和《蔬果圖》（上海博物館藏）等可看出其畫風與惲畫如出一轍。

　　吳湖帆通過鑒賞惲南田書畫，更考訂其字號、別名，認為在其常見的字號、別名之外，尚有「西溪過客」、「巢楓客」、「雪穀草衣」等別稱，甚至考證惲南田早年的小名為「升姪」。這些看似簡單的發現，卻是吳湖帆數十年閱歷與眼力的結晶，對於惲南田作品的斷代、考訂無疑起著重要的輔證作用。

　　和很多鑒藏家不同的是，吳湖帆鑒藏惲畫並從中吸取養分，以滋養自己的創作。他有《臨惲王山水合璧卷》《臨南田山水花卉冊》《南田詩意》《臨茂林石壁圖》《松風澗泉圖》《雲中山頂》等多件作品行世，顯示其對惲畫的一脈相承。他在題《翠石新篁扇面》中說：「取法六如（唐寅）、南田之間」；而題《荷花圖》則說：「用八大畫法，以雲溪（惲南田）設色出之」，都是直接師承惲氏。從吳湖帆的花卉——尤其是荷花來看，明顯受到惲壽平沒骨花卉的影響，如《香遠益清圖軸》《荷香清遠圖卷》《並蒂芙蓉》《紅裳翠蓋》等，無論就沒骨畫法、賦色還是構圖、意境諸方面，均得惲氏法乳，傳其衣缽。很顯然，這是與其長期鑒藏惲氏作品並浸淫其中、耳濡目染分不開的。

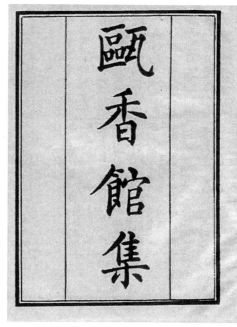

圖 1-1　惲壽平《甌香館集》書影

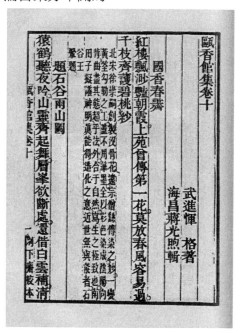

圖 1-2　惲壽平《甌香館集》書頁

圖 2　惲壽平《臨唐寅桃花圖軸》，紙本設色，133×55.5 釐米，北京故宮博物院藏

圖 3-1　惲壽平《菊石圖》，絹本設色，181.5×98.5 釐米，四川瀘州博物館藏

圖 3-2　惲壽平《菊石圖》局部

圖 4　惲壽平《水仙》斗方，臺北故宮博物院藏

圖 5　清・惲壽平《菊花圖》，絹本設色，113×50 釐米，廣東省博物館藏

圖6　惲壽平《牡丹》斗方，臺北故宮博物院藏

圖7　惲壽平《牡丹圖》扇面，紙本設色，17.5×52.9釐米，北京
　　　故宮博物院藏

圖8　惲壽平《紫藤圖》扇面，紙本設色，17.8×53.3釐米，北京
　　　故宮博物院藏

圖9　惲壽平《湖山風物圖》軸，紙本墨筆，100.8
　　×30.5 釐米，北京故宮博物院藏

圖 10　惲壽平《南山雲起圖》，1670 年，紙本墨筆，102.5×57 釐米，香港藝
　　　術館藏

圖 11　惲壽平《萬卷書樓圖》，紙本設色，21.8×25.3 釐米，魯迅美術學院藏

圖 12　《毗陵六逸詩鈔》書影

圖 13　惲壽平《行書七言詩扇面》，紙本，廣東省博物館藏

圖 14　惲壽平《行書七言詩》扇面，紙本，常熟博物館藏

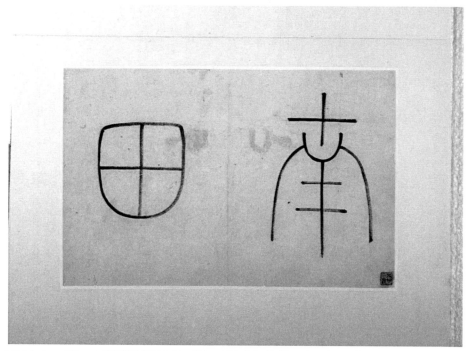

圖 15-1　清・王澍題惲壽平《竹石花卉圖冊》，紙本，中國國家博物館藏

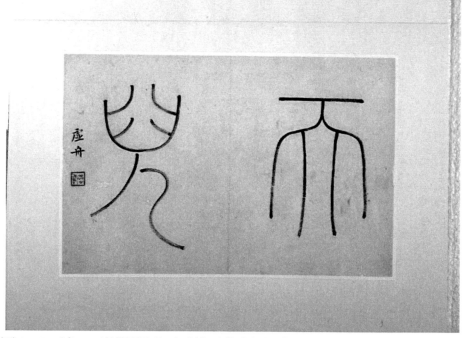

圖 15-2　清・王澍題惲壽平《竹石花卉圖冊》，紙本，中國國家博物館藏

圖 16-1　清·惲壽平《竹石花卉圖冊》之《竹石蘭花》，紙本，中國國家博物館藏

圖 16-2　清·羅天池題惲壽平《竹石花卉圖冊》之《竹石蘭花》，紙本，中國國家博物館藏

圖17　元·柯九思《晚香高節圖》，紙本墨筆，126.3×75.2 釐米，
　　　臺北故宮博物院藏

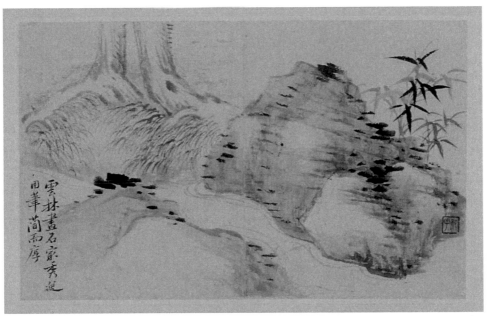

圖 18-1 清·惲壽平《竹石花卉圖冊》之《竹石小草》，紙本，中國國家博物
館藏

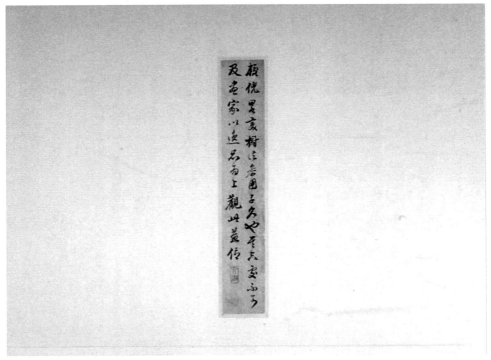

圖 18-2 清·羅天池題惲壽平《竹石花卉圖冊》之《竹石小草》，紙本，中國
國家博物館藏

圖 19　元・倪瓚《梧竹秀石圖》軸，紙本墨筆，96×36.5
釐米，北京故宮博物院藏

圖20　清・惲壽平《竹石花卉圖冊》之《磐石松竹》，紙本，中國國家博物館藏

圖21　元‧張雨《仿鄭虔林亭秋爽圖》，紙本設色，
129.1×35.7釐米，臺北故宮博物院藏

圖 22-1　清・惲壽平《竹石花卉圖冊》之《枯樹山石》，紙本，中國國家博物
　　　　　館藏

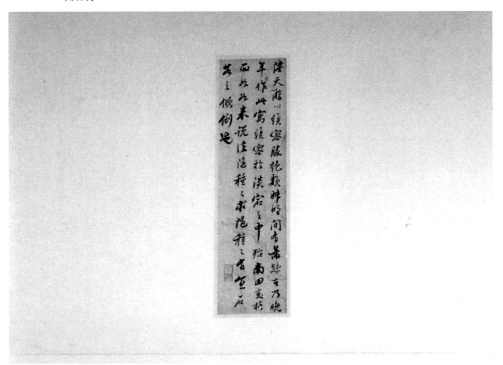

圖 22-2　清・羅天池題惲壽平《竹石花卉圖冊》之《枯樹山石》，紙本，中國
　　　　　國家博物館藏

圖 23　元・陸廣《仙山樓觀》，絹本設色，137.5×95.4 釐米，臺北故宮博物院藏

圖 24-1　清・惲壽平《竹石花卉圖冊》之《墨松》，紙本，中國國家博物館藏

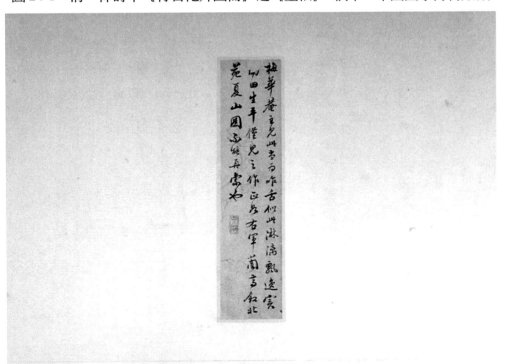

圖 24-2　清・羅天池題惲壽平《竹石花卉圖冊》之《墨松》，紙本，中國國家
　　　　　博物館藏

圖25　元·吳鎮《松石圖》軸，絹本墨筆，101×45.8
　　　釐米，北京故宮博物院藏

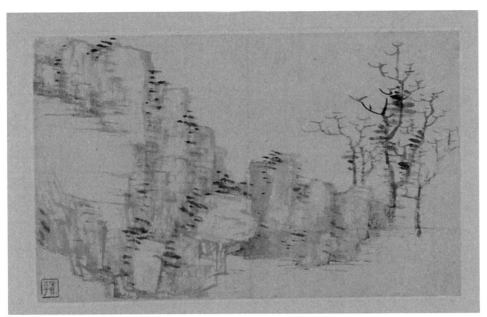

圖 26-1　清．惲壽平《竹石花卉圖冊》之《枯樹岩石》，紙本，中國國家博物
館藏

圖 26-2　清．羅天池題惲壽平《竹石花卉圖冊》之《枯樹岩石》，紙本，中國
國家博物館藏

圖27-1 清・惲壽平《竹石花卉圖冊》之《墨菊》，紙本，中國國家博物館藏

圖27-2 清・羅天池題惲壽平《竹石花卉圖冊》之《墨菊》，紙本，中國國家
博物館藏

圖 28-1　清・惲壽平《竹石花卉圖冊》之《墨松》，紙本，中國國家博物館藏

圖 28-2　清・羅天池題惲壽平《竹石花卉圖冊》之《墨松》，紙本，中國國家
　　　　博物館藏

圖 29　南宋・馬遠《松壽圖》軸，絹本 122×52.7，遼寧省博物館藏

圖30　明・唐寅《葑田行犢圖》軸，紙本墨筆，74.7×42.7釐米，上海博物館藏

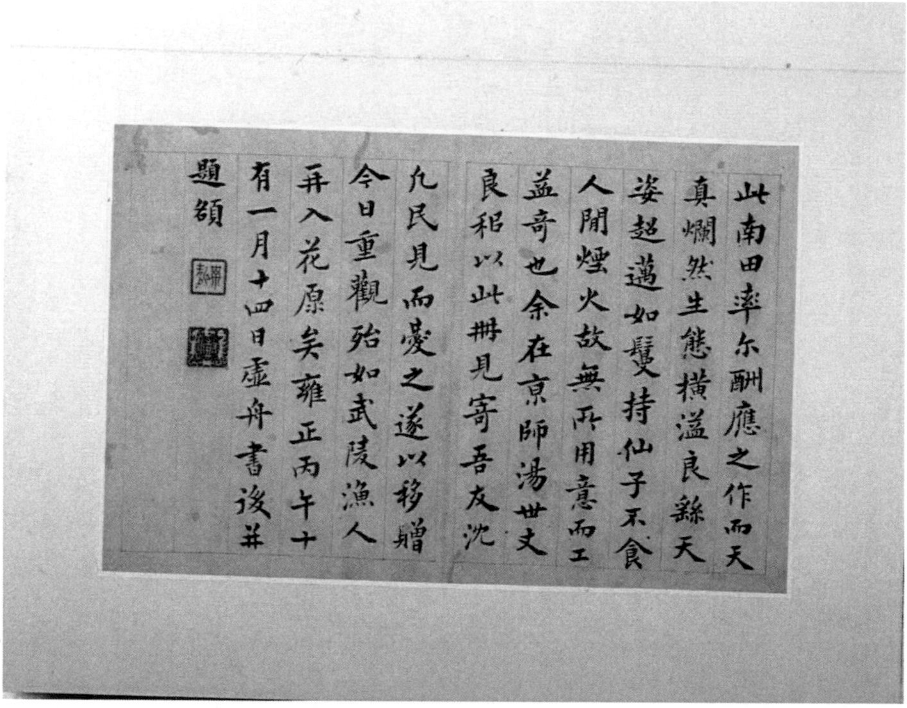

圖31　清‧王澍題惲壽平《竹石花卉圖冊》，紙本，中國國家博物館藏

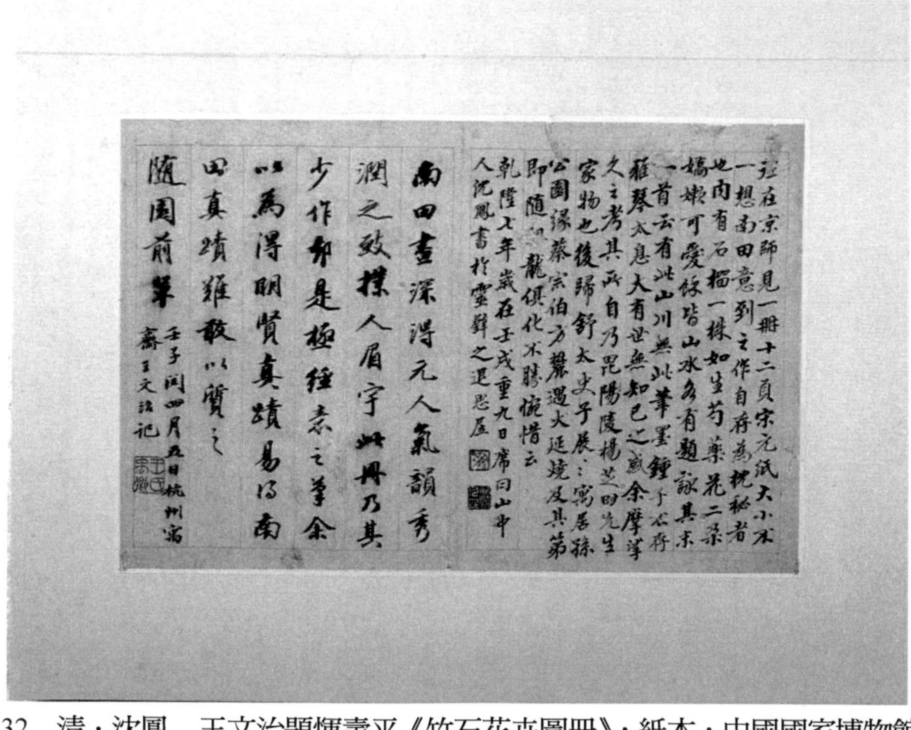

圖32　清‧沈鳳　王文治題惲壽平《竹石花卉圖冊》，紙本，中國國家博物館藏

圖33 清·佚名《課僕圖》卷，紙本設色，中國國家博物館藏

第四章　惲壽平與清代畫壇

　　惲壽平在清初畫壇所產生的重要影響，主要在於其花鳥畫，而他的以沒骨花卉為主花鳥畫風，其實並不是他的首創。在宋元以來，這種花卉畫法便有所萌芽。到了「吳門畫派」的陸治（1496～1576），這種畫法就更為明顯。在陸氏傳世的《荷花圖》（日本靜嘉堂文庫美術館藏）〔註1〕和《端陽佳景》（臺北故宮博物院藏）〔註2〕中便可見到這種畫法。兩畫所繪之花卉，其賦色、鉤染及造型，都與後來惲壽平的畫風極為接近，顯然出惲壽平畫風可謂淵源有自。

第一節　惲壽平和清初畫壇

　　在惲壽平所處的常州地區，當時和他具有同樣畫風的同樣不乏其人，如比惲壽平大三十多歲的忘年交唐宇昭的畫風便和惲壽平如出一轍。唐宇昭傳世的《荷鷺圖軸》（常州市博物館藏）顯示〔註3〕，無論是所畫鮮活的荷花，還是栩栩如生的白鷺，或者是暈染生動的水草，都具有明顯的惲壽平花卉的元素。同樣地，在惲壽平另一好友、比惲壽平大 7 歲的唐芄的畫裏也能找到這種影子。唐芄於康熙十年（1671）年為王翬所作的《紅蓮圖》（北京故宮博物院藏），雖然下部荇藻為惲壽平所繪，但畫的主體部分——蓮花及荷葉是唐芄所寫。其

〔註1〕　《靜嘉堂·明清書畫清賞》，28 頁，日本京都靜嘉堂文庫美術館，平成十七年（2005 年）。
〔註2〕　國立故宮博物院編輯委員會編《明陸治作品展覽圖錄》，42 頁，臺北故宮博物院，1992 年。
〔註3〕　常州博物館編《常州博物館五十週年典藏叢書·繪畫卷》，16～17 頁，文物出版社，2008 年。

畫法也是惲壽平所常用的沒骨寫生法。惲壽平在畫中尚有題跋曰：「沒骨圖成敵化工，藥房荷蓋盡含風。當時畫苑徐崇嗣，今日江南唐長公」〔註4〕，「唐長公」即唐炗，因以畫荷著稱，故當時有「唐荷花」之稱，又因為其畫風與惲壽平極為相近，故時人謂之「惲色」〔註5〕。另有作於康熙二十七年（1688）的《荷花鴛鴦圖》（北京市文物商店藏）和康熙二十九年（1690）的《蓮花圖屏》（山東曲阜孔廟文管會藏）也是這類風格。

這很容易得出一個結論，那就是：在惲壽平時代，沒骨花卉在當時是一種流行畫風。而惲壽平的意義在於，他將這種流行畫風發揚光大，以鶴立雞群式的領軍人物身份形成了一個以他為中心的創作群體。當時便有「近世無論江南江北，莫不家南田而戶正叔」〔註6〕的說法。人們習慣上將他所形成的這個群體總結為「常州畫派」〔註7〕。由於常州古稱「毗陵」、「武進」，因而也有稱「毗陵畫派」或「武進畫派」的，也有直接以惲壽平姓氏冠之曰「惲派」。

毫無疑問，惲壽平是清代常州畫派的領軍人物〔註8〕。在以惲壽平為中心的江蘇地區（重點為常州地區），圍繞著一批專以畫沒骨花卉為主的畫家群體。在這個群體中，直接受惲壽平教澤的畫家有數十人，間接受其畫風影響的則舉不勝舉。其中，惲氏家族成員是一個非常重要的組成部分。

第二節　惲壽平的傳人

據不完全統計，惲壽平的入室弟子有近百人之多，其中直接與惲壽平有師承關係的除了部分惲氏家族成員外，有如下諸家：

馬元馭（1669～1722）是惲壽平弟子成就最為突出者。他字扶曦，號棲霞，別號天虞山人，江蘇常熟人。其父馬眉亦為花鳥畫家。其畫在傳承家法的同時，得到惲壽平的言傳身教，又與同鄉花鳥畫家蔣廷錫（1669～1732）相切磋，因

〔註4〕 查律《中國花鳥畫通鑒・寫生正宗》，21頁，上海書畫出版社，2008年。
〔註5〕 王伯敏《中國繪畫通史（下冊）》，171頁，三聯書店，2008年。
〔註6〕 張庚《國朝畫徵錄》卷下，于安瀾編《畫史叢書（三）》，55頁，上海人民美術出版社，1963年。
〔註7〕 需要特別指出的是，常州當地的學者往往喜歡將古往今來凡是常州籍畫家歸為常州畫派，本文所討論的常州畫派是特指以惲壽平為中心、以與他有直接或間接師承關係的畫家所組成的繪畫群體。
〔註8〕 關於常州畫派的源流及惲壽平在畫派中的地位與影響，可參見以下兩種論著：潘茂《常州畫派》，吉林美術出版社，2003年；葉鵬飛《常州畫派研究》，江蘇人民出版社，2008年。

而畫風迥異於惲壽平其他弟子：「詩書極雋雅，工花卉，生動活潑」〔註9〕，「墨花橫溢，逸趣飛翔」〔註10〕。在惲壽平弟子中，其作品傳世最多，多為花鳥畫，代表作有作於康熙三十三年（1694）的《葡萄圖軸》（廣東省博物館藏）〔註11〕、康熙四十二年（1703）的《桃柳八哥圖軸》（上海博物館藏）〔註12〕、康熙四十三年（1704）的《秋樹蒼鷹圖軸》（香港中文大學文物館藏）〔註13〕及無年款的《南溪春曉圖軸》（南京博物院藏）和《雙魚圖頁》（常熟市博物館藏）等。他自稱得到「吳門畫派」沈周（1427～1509）、陸治（1496～1576）之遺意，有論者認為其「超縱處誠有二家之法也」〔註14〕，從其傳世的諸多花鳥畫中可看出此點。

　　鄒顯吉（1636～1709）是惲壽平弟子中又一成就凸出者。他字黎眉，號思靜，別號華齋，自稱湖北居人，晚號城南老圃，江蘇無錫人，詩文書畫兼擅。他學詩於吳偉業（1609～1672），學畫於惲壽平，善寫生，兼擅人物、山水，是惲壽平弟子中的全能畫家。尤以寫菊花為人所稱道，有「鄒菊」之稱。其畫，於宋、元、明各家，無所不窺其奧妙，「而心追手摹，誠有獨到處」，因而備受惲壽平推崇。惲壽平甚至向別的弟子竭力推薦說，「我身後汝等宜師錫山鄒黎眉」〔註15〕，足見其揄揚之意。著有《北遊集》、《湖北草堂詩》等，其弟鄒卿森（1643～1712）、鄒顯文、鄒顯臣及其妻、子、侄等，皆工詩畫，可謂一門風雅，尤以其侄鄒一桂（1686～1772）〔註16〕最為知名。鄒顯吉傳世作品有《四時花卉圖卷》（無錫博物館藏），所繪花卉均為工筆沒骨，乃得惲壽平真傳，引首有清代書法家顧光旭（1731～1797）題跋，稱其畫「設色精潔，用筆瘦勁，尤不易得」，拖尾則有清代詩人楊芳燦（1753～1815）題跋，謂鄒顯吉「尤工繪事，世謂徐、黃復生，南田翁亦斂手下之」〔註17〕，可見是很得後世追捧的。

〔註9〕　竇鎮輯《國朝書畫家筆錄》卷一，載《中國歷代畫史彙編（第十冊）》，354頁。

〔註10〕　秦祖永《桐陰論畫》下卷，30頁，《藝林名著叢刊》，北京市中國書店，1983年。

〔註11〕　廣東省博物館、香港中文大學文物館編《明清花鳥畫》，50頁。

〔註12〕　中國美術全集編輯委員會編《中國美術全集·繪畫編10·清代繪畫（中）》，121頁。

〔註13〕　廣東省博物館、香港中文大學文物館編《明清花鳥畫》，51頁。

〔註14〕　蘇庚春《蘇庚春中國畫史記略》，225頁，廣東旅遊出版社，2004年。

〔註15〕　竇鎮輯《國朝書畫家筆錄》卷一，載《中國歷代畫史彙編（第十冊）》，355頁。

〔註16〕　一說為（1688～1772），參見葉鵬飛《常州畫派研究》，129頁；現以江慶柏編著《清代人物生卒年表》為據，參見該書340頁，人民文學出版社，2005年。

〔註17〕　葉鵬飛《常州畫派研究》，127～129頁。

張子畏，江蘇武進（今常州）人，惲壽平外甥。擅畫花草，能得舅氏惲壽平之法，「名噪一時」。可惜暫時沒有發現其作品傳世。據說他臨摹古畫的能力高超，嘗為宋犖臨摹黃筌的《全樹杜鵑花圖》，「以為亂真」〔註18〕。由於現在沒有見其署有本款的作品行世，且他臨摹別人的作品可以亂真，所以有論者認為他可能在一段時間是為惲壽平代筆〔註19〕，甚至偽造惲壽平作品，是有一定道理的。

章紳，字佩玖，江蘇崑山人，寓居浙中。關於其生平事蹟的記載不多，只知道他幼年隨侍惲壽平，能得其法，「花卉翎毛，不愧嫡派」〔註20〕，說明他是一個直接受惲壽平畫法薰染的畫家，可惜也沒有見其署有本款的作品行世。

楊湛思是為數不多的、以山水畫見稱的惲壽平弟子。他字琴山，江蘇武進（今常州），是惲壽平從甥，所畫山水對「元四家」之黃公望、王蒙著力尤深，論者用「林巒松秀，氣韻沖和」、「泉壑深遠」〔註21〕來評其畫境，說明其畫也和惲壽平一樣是比較注重意境的。清代著名學者、詩人法式善（1753～1813）〔註22〕曾作有《十六畫人歌》，將楊湛思與朱鶴年（野雲 1764～1844）、湯貽汾（雨生 1778～1853）、朱文新（滌齋）、吳大冀（雲海 1769～1818）、屠倬（琴塢 1781～1828）、馬履泰（秋藥 1746～1829）、顧尊（南雅1765～1832）、盛惇大（甫山 1754～1825）、孟覲乙（麗堂）、姚元之（伯昂1773～1852）、李秉銓（蒓甫）、李秉綬（芸甫 1783～1842）、陳鏞（綠晴）、張問陶（船山 1764～1814）、陳均（受笙）並列為「十六畫人」，可以想見楊湛思在當時畫壇的地位。

范廷鎮，字祉安，一作子安、止安、芷庵，號鹿疇、凍亭、樂亭，江蘇武進（今常州）人。陳焜在《讀畫輯略》中說：「南田寫生法，傳於入室弟子范子安，子安再傳石庵和尚，石庵傳之管桓，一脈淵源，直接壽平衣缽」

〔註19〕張庚《國朝畫徵錄》卷中，于安瀾編《畫史叢書（三）》，上海人民美術出版社，1963 年；亦載竇鎮輯《國朝書畫家筆錄》卷一，載《中國歷代畫史彙編（第十冊）》，404～405 頁。

〔註19〕潘茂《常州畫派》，135 頁，吉林美術出版社，2003 年。

〔註20〕馮金伯《墨香居畫識》，轉引自葉鵬飛《常州畫派研究》，123 頁，江蘇人民出版社，2008 年。

〔註21〕李寶凱編《毗陵畫徵錄》卷下，常州振群印刷公司，民國 22 年（1933）。

〔註22〕一說為（1752～1813），現以江慶柏編著《清代人物生卒年表》為據，參見該書 528 頁。

〔註23〕，可見其惲壽平畫風流傳深遠，淵源有自。范廷鎮擅畫花卉草蟲，兼擅山水，論者評其花卉草蟲與惲壽平畫風相比，「幾可亂真」，而書法亦模仿惲壽平，「頗得神韻」〔註24〕。傳世作品有作於康熙五十五年（1716）的《花卉圖冊（十二開）》〔註25〕和無年款的《五清圖》（天津博物館藏）〔註26〕。前者乃師法惲壽平沒骨花卉，後者則師其山水，均能得惲氏之形似與神韻。

　　董瑜，字清溪，一字岐嘉，江蘇武進（今常州）人，精於繪事，畫史稱「繪事見推於惲南田，幾與抗行」〔註27〕，而且當時文化名流、收藏家宋犖因慕其名，多次找他入於幕下，他均辭謝了。這說明董瑜在當時是享有很高的聲譽。由於他的畫與惲壽平極為相似，但並無惲壽平一樣享大名，故很有可能會被一些唯利之人將其畫該款為惲壽平以充之，以至於現在我們所見到的關於董瑜本款的作品幾乎沒有。

　　張偉，字子佳，別署蒲亭釣隱子，江蘇武進（今常州）人，擅繪事，直接師承惲壽平。他所繪花卉，與惲壽平極為相近，據說「每一畫出，輒能亂真」〔註28〕，傳世作品有《花卉圖冊（24開）》（臺北故宮博物院藏）和《牡丹圖軸》（上海博物館藏）等。

　　陸燦，字慕雲，號星山、星三，江蘇長洲（今蘇州）人。他是惲壽平弟子中少有的花卉、人物、山水兼擅者，尤其擅長畫竹和寫真。遺憾的是，至今尚未發現其傳世的作品。

第三節　受惲壽平影響的其他畫家

　　清代初期直到晚清時期，直接師承或私淑惲壽平畫法的書畫家不計其數。現將清代師承惲壽平畫風之畫家列表如次〔註29〕：

〔註23〕陳焯《讀畫輯略》，葉鵬飛《常州畫派研究》，125頁。

〔註24〕李濬之編《清畫家詩史》卷上，47頁，中國書店，1990年。

〔註25〕葉鵬飛《常州畫派研究》，126頁。

〔註26〕中國古代書畫鑒定組編《中國古代書畫圖目（七）》，津7～1008，文物出版社，1989年。

〔註27〕秦耕海編著《常州書畫家傳》，97頁，中國畫報出版社，2003年。

〔註28〕李寶凱編《毗陵畫徵錄》卷下。

〔註29〕本表所依據資料除已注明之文獻來源外，還參考了俞劍華《中國繪畫史》、蘇庚春《蘇庚春中國畫史記略》、王伯敏《中國繪畫通史（下冊）》及牛克誠《色彩的中國繪畫》等。

序號	畫　家	時　代	籍　貫	擅長畫科	直接師承或私淑其法	文獻主要來源
1	華嵒	1682～1756	福建上杭	花鳥山水人物	跡繼南田	蔣寶齡《墨林今話》
2	陳邦直	1715年進士	海寧	花卉	得惲壽平法	《兩浙名畫記》寶鎮輯《國朝書畫家筆錄》
3	繆椿		吳縣（今蘇州）	花卉翎毛山水	宗甌香而稍易其法	蔣寶齡《墨林今話》；馮金伯《墨香居畫識》
4	許以池		吳縣（今蘇州）	書畫	書、畫悉遵惲壽平筆意	《十百齋書畫錄》《耕硯田齋筆記》
5	許永		江蘇常熟	寫生，沒骨花卉	與惲壽平同工異趣。	陳烺《讀畫輯略》
6	曹慶長		江蘇常熟	花卉	頗得甌香韻致	《耕硯田齋筆記》
7	江介		錢塘（今杭州）	花木	花木、書法皆近南田	李玉棻《甌缽羅室書畫過目考》
8	黃鞠		松江人僑寓吳門	山水、花卉，亦工人物、仕女。	得力於南田、石谷居多	蔣寶齡《墨林今話》
9	畢涵	1732～1807	江蘇蘇州	山水	師惲壽平	蔣寶齡《墨林今話》馮金伯《墨香居畫識》姜怡亭《國朝畫傳編韻》秦祖永《桐陰論畫》
10	管幹珍	1734～1798	武進（今常州）	工花卉，尤喜設色牡丹	得甌香館法	姜怡亭《國朝畫傳編韻》彭蘊燦《歷代畫史匯傳》馮金伯《墨香居畫識》
11	顧洛		仁和（今杭州）	人物、山水、花卉	寫花卉，工者以南田為法	蔣寶齡《墨林今話》寶鎮輯《國朝書畫家筆錄》

12	黃易	1744～1802	錢塘人	山水花卉	花卉宗南田	蔣寶齡《墨林今話》
13	奚岡	1746～1803	錢塘人	花卉蘭竹山水	花卉得南田翁遺意	寶鎮輯《國朝書畫家筆錄》
14	錢東	1752～1828	仁和人客居揚州	花卉、山水	花卉、書法摹仿惲壽平	馮金伯《墨香居畫識》 秦祖永《桐陰論畫》 蔣寶齡《墨林今話》
15	姜塤	1764～1821	上海松江	仕女花卉	寫生法惲壽平	蔣寶齡《墨林今話》 秦祖永《桐陰論畫》 李濬之《清畫家詩史》 《耕硯田齋筆記》
16	畢用霖		江蘇蘇州	山水	克承家學（畢涵之子）	蔣寶齡《墨林今話》
17	徐裕馨	1765～1791	錢塘人	花卉	以惲壽平為師法	李濬之《清畫家詩史》
18	殷樹柏	1769～1847	浙江嘉興	花卉	宗南田	葛嗣浵《愛日吟廬書畫續錄》卷六
19	姚元之	1773～1852	江蘇蘇州	花卉、果品	可與南田新羅爭勝	蔣寶齡《墨林今話》
20	畢簡	1781～1860	江蘇蘇州	山水花卉	克承家學（畢涵之子）	蔣寶齡《墨林今話》 秦祖永《桐陰論畫》 《畊硯田齋筆記》 李濬之《清畫家詩史》
21	計芬	1783～1846	浙江嘉興	山水、人物、竹木	宗南田	葛嗣浵《愛日吟廬書畫續錄》卷六
22	周笠		吳縣（今蘇州）	善寫生	得甌香秘法	蔣寶齡《墨林今話》 寶鎮輯《國朝書畫家筆錄》
23	葛唐		江蘇崑山	花鳥	畫花鳥學南田、忘庵兩家	蔣寶齡《墨林今話》
24	廖雲槎		青浦（今屬上海）	花卉	花卉始從周服卿入，並追南田	蔣寶齡《墨林今話》 秦祖永《桐陰論畫》
25	李宗垣	1790～1822	江蘇長洲	山水	摹擬惲壽平	《寧波府志》

26	翁雒	1790～1849	江蘇吳江	人物、花鳥、草蟲	以南田法補煙鳥	葛嗣浵《愛日吟廬書畫續錄》卷七
27	沈榮	1794～1856	江蘇吳江	花草	宗南田	《（光緒）《吳江縣續志》》卷二十三
28	宋光寶		江蘇蘇州	花鳥	逸筆宗陳沱江兼惲草衣	蔣寶齡《墨林今話》汪兆鏞《嶺南畫徵略》
29	歐樹德		江蘇太倉	花卉禽蟲	摹仿南田稿本，可稱酷肖	馮金伯《墨香居畫識》
30	何紹基	1799～1873	湖南道州	山水	法惲南田	徐珂《清稗類鈔》
31	朱琏		江蘇揚州	花卉翎毛	初學宋人，今轉為南田、秋嶽	馮金伯《墨香居畫識》
32	釋上睿		江蘇吳縣	山水、花鳥	山水得王翬指授，花鳥得惲格真傳	李玉棻《甌鉢羅室書畫過目考》
33	姚嗣懋		錢塘（今杭州）	山水、花卉	山水取法宋元，花卉宗南田	馮金伯《墨香居畫識》
34	邵曾復		江蘇無錫	花鳥	花鳥師惲壽平	《江南通志》
35	邵曾詔		江蘇無錫	花鳥	遊京師，公卿交推重之，謂可嗣惲南田	《無錫縣志》
36	顧兆麟		江蘇崑山	花卉、翎毛	毗陵嫡派	馮金伯《墨香居畫識》
37	沈金臺		江蘇婁縣	花卉	法惲南田	馮金伯《墨香居畫識》
38	賀永鴻		杭人	花卉翎毛	群推為南田後身	馮金伯《墨香居畫識》
39	朱濟源		江蘇常熟	花卉	具惲壽平之風	蔣寶齡《墨林今話》
40	朱泉徵	1873年貢生	浙江嘉興	花卉、山水	花卉得惲南田法	《韜養齋筆記》
41	車基		河北大興（今屬北京）	花卉	畫在惲壽平、陳道復之間	葉銘輯《廣印人傳》
42	何鏌		不詳	花卉山水	常州畫派	俞劍華《中國繪畫史》
43	汪立功		錢塘人	花卉	惲壽平逸韻	葉銘輯《廣印人傳》

44	朱繡		安徽休寧	山水、花草	得南田生法	張庚《國朝畫徵錄》寶鎮輯《國朝書畫家筆錄》
45	沈維裕		上海人	花卉	逼近惲壽平	張鳴珂《寒松閣談藝瑣錄》；楊逸《海上墨林》
46	吳廷賢		浙江浦城（客居廣東廉州）	花卉	學惲南田	《劍光樓筆記》
47	李雲棟	1816年舉人	寶山（今上海）	花鳥	有惲壽平、陳道復逸趣	蔣寶齡《墨林今話》
48	李瑤		江蘇吳縣	山水	書法摹仿惲壽平	《耕硯田齋筆記》
49	李元開		紹興人客居廣東廉州	花鳥	摹擬惲壽平筆法	《劍光樓筆記》
50	李禧		不詳	花卉	有惲壽平風韻	《芥子園畫譜》
51	李慶霄		浙江紹興	花卉	摹擬惲壽平	張鳴珂《寒松閣談藝瑣錄》
52	李浩	道光時期	上海	花卉	酷肖惲壽平	楊逸《海上墨林》
53	邵珣		江蘇太倉	花鳥	學惲壽平	《無錫縣志》；《江南通志》
54	邵意		江蘇太倉	花鳥	專習惲派	《耕硯田齋筆記》
55	金鴻保		浙江嘉興	竹石	摹仿惲壽平	楊逸《海上墨林》
56	周岱		吳縣（今蘇州）	善寫生	學惲南田	蔣寶齡《墨林今話》寶鎮輯《國朝書畫家筆錄》
57	吳玖	嘉慶年間	浙江崇德	山水、竹石	花卉得南田法	俞劍華《中國美術家人名辭典》
58	周申		婁縣（今上海）	花鳥，寫真	花鳥得惲法	馮金伯《墨香居畫識》
59	查仲誥		浙江海寧	花卉	學惲壽平	蔣寶齡《墨林今話》
60	范雪儀		江蘇蘇州	人物	常州畫派	俞劍華《中國繪畫史》
61	俞大鴻		江蘇無錫	花卉	師惲壽平	《無錫縣志》

62	倪恩齡		雲南昆明	花鳥	其畫近惲壽平	張鳴珂《寒松閣談藝瑣錄》
63	夏柔嘉		江蘇江陰	蘭竹、蔬果	頗有惲壽平意境	竇鎮輯《國朝書畫家筆錄》；蔣寶齡《墨林今話》
64	夏之成		江蘇江陰	蘭竹	得父傳（夏柔嘉之子）	竇鎮輯《國朝書畫家筆錄》；蔣寶齡《墨林今話》
65	徐春濤		江蘇蘇州	花鳥松石	書法摹擬惲壽平	蔣寶齡《墨林今話》
66	徐琪	1880年進士	浙江仁和	花卉	神似惲南田	張鳴珂《寒松閣談藝瑣錄》；李濬之《清畫家詩史》
67	習忍		江蘇武進	寫生	師惲南田法	竇鎮輯《國朝書畫家筆錄》馮金伯《國朝畫識》卷十六
68	戚著		不詳	書法、山水	摹仿惲壽平	藍瑛、謝彬纂輯《圖繪寶鑑續纂》
69	賀永鴻		浙江杭縣（今杭州）	花鳥	惲壽平復生	蔣寶齡《墨林今話》馮金伯《墨香居畫識》
70	許國柄		江蘇嘉定（今屬上海）	花卉	學惲壽平	蔣寶齡《墨林今話》馮金伯《墨香居畫識》
71	陸因儀		江蘇太倉	花卉	以惲壽平為法	蔣寶齡《墨林今話》竇鎮輯《國朝書畫家筆錄》李玉棻《甌鉢羅室書畫過目考》
72	陸惠		浙江杭縣	花卉	學惲壽平、蔣廷錫兩家	蔣寶齡《墨林今話》楊逸《海上墨林》
73	陸俊		江蘇吳江	山水	以王翬、惲壽平為法	蔣寶齡《墨林今話》
74	何振岱		福建閩縣	山水梅花	生澀近惲壽平	《福建畫人傳》
75	何辰		浙江上虞	翎毛花卉	得惲壽平筆意	《上虞松夏志》
76	楊燦		安徽泗州	花鳥	常州畫派	俞劍華《中國繪畫史》

77	張孃		華亭（今上海）	工筆花鳥	合馬江香、惲清於筆法	蔣寶齡《墨林今話》《耕硯田齋筆記》
78	張慧沁		華亭（今上海）	花卉	合馬江香、惲清於筆法	蔣寶齡《墨林今話》《耕硯田齋筆記》
79	張生吾		華亭（今上海）	花卉	合馬江香、惲清於筆法	蔣寶齡《墨林今話》《耕硯田齋筆記》
80	張莘		仁和人居蘇州	花卉	花卉、書法摹仿惲壽平	馮金伯《墨香居畫識》蔣寶齡《墨林今話》錢泳《履園畫學》
81	張與齡		江蘇吳江	花鳥	得惲壽平畫法	蔣寶齡《墨林今話》
82	張元勳		浙江海鹽	寫生	有惲壽平筆意	張鳴珂《寒松閣談藝瑣錄》
83	景梁曾		錢塘人	花卉	書畫均學惲壽平	李玉棻《甌鉢羅室書畫過目考》
84	黃士超	同治光緒間人	不詳	花卉	神似惲壽平	張鳴珂《寒松閣談藝瑣錄》
85	黃裕		江蘇江寧	花卉	初師陳淳，後學惲壽平	楊逸《海上墨林》
86	葉覲儀	1833年進士	江蘇六合	折枝花卉	得惲壽平神髓	蔣寶齡《墨林今話》李濬之《清畫家詩史》
87	葉琬儀（女）		江蘇蘇州	花卉	南田法，神似白陽、南田兩家	蔣寶齡《墨林今話》龔方緯《清民兩代金石書畫史》
88	楊點		江蘇無錫	翎毛花卉枯槎竹石	摹惲畫可亂真	寶鎮輯《國朝書畫家筆錄》
89	楊光耀		江蘇崑山	花卉	得惲氏用筆設色之訣竅	蔣寶齡《墨林今話》
90	楊近思		江蘇常州	花卉，尤擅寫梅	書畫皆學惲壽平	蔣寶齡《墨林今話》
91	裴鏞		江蘇句容	折枝花卉	有惲壽平氣韻	馮金伯《墨香居畫識》
92	褚成棟		浙江杭縣	花卉	神似惲南田	葉銘輯《廣印人傳》
93	管垣		江蘇武進	花卉	常州畫派	俞劍華《中國繪畫史》

94	管綬		江蘇武進	花卉	常州畫派	俞劍華《中國繪畫史》
95	趙爾頤		湖南湘潭	花卉	意近惲壽平	《韜養齋筆記》
96	蔣步瀛		江蘇吳縣	山水花卉	常州畫派	俞劍華《中國繪畫史》
97	穆倩		天津	花鳥草蟲	學惲壽平	竇鎮輯《國朝書畫家筆錄》
98	夏敬聲		江蘇江陰	花卉	畫法惲壽平	竇鎮輯《國朝書畫家筆錄》
99	於世球		浙江海寧	人物、花鳥	花鳥法王翬、惲壽平	
100	王世爵			花卉	摹仿惲格	《耕硯田齋筆記》
101	王泰		錢塘人	山水花卉	惲南田神韻	蔣寶齡《墨林今話》 李濬之《清畫家詩史》
102	司馬湘		江蘇常州	花卉	學惲壽平	竇鎮輯《國朝書畫家筆錄》
103	左錫璿（女）		江蘇常州	花卉	畫宗惲壽平	李寶凱編《毗陵畫徵錄》 王蘊章《然脂餘韻》卷五
104	丘泰		江蘇蘇州	花卉	得惲壽平法	蔣寶齡《墨林今話》
105	朱慧珠（女）		江蘇吳江	花卉、仕女	南田法	蔣寶齡《墨林今話》
106	沈金臺		婁縣（今上海）	花卉	法惲壽平	馮金伯《墨香居畫識》
107	唐稼		錢塘人	山水花卉	有惲壽平遺韻	耕硯田齋筆記》
108	駱綺蘭（女）		江蘇上元	花卉	入惲壽平之室	
109	鮑楷		嘉興人寓居揚州	花草、山水	花草師法南田	竇鎮輯《國朝書畫家筆錄》 馮金伯《國朝畫識》卷十一
110	錢瑞麐		嘉興	花卉	得甌香遺意	蔣寶齡《墨林今話》
111	錢灃（苣生）		浙江嘉興	花卉	學惲氏，畫宗南田	蔣寶齡《墨林今話》卷十六

112	錢濟奎		浙江平湖	花卉，尤精草蟲	得惲壽平寫生法	《平湖縣志》 孫振麟《當湖歷代畫人傳》
113	錢宗燦		江蘇常熟	花卉	學惲壽平	張鳴珂《寒松閣談藝瑣錄》
114	戴宗昆		不詳	山水	宗惲	俞劍華《中國繪畫史》
115	錢青選		江蘇常熟	花鳥	學惲壽平畫法	《虞山畫志續編》
116	顧兆麟		江蘇通州（今南通）	花鳥	常州畫派	俞劍華《中國繪畫史》
117	顧純熙	嘉慶時期	江蘇吳縣	花鳥	多採惲壽平筆意	蔣寶齡《墨林今話》 李濬之《清畫家詩史》
118	王成金		山西襄汾	山水花鳥	花鳥得惲南田法	《山西通志》
119	費丹旭	1801～1850	浙江湖州	山水、人物、花卉	花卉宗南田	葛嗣浵《愛日吟廬書畫續錄》卷七
120	顧蕙		江蘇吳縣	山水、花鳥、蟲魚	具文徵明、惲壽平風規	蔣寶齡《墨林今話》；李濬之《清畫家詩史》
121	戴熙	1801～1860	錢塘人	山水、花草	山水師惲格	葉鵬飛《常州畫派研究》
122	朱熊	1801～1864	浙江嘉興	花卉山水翎毛人物寫真	常州畫派	葉鵬飛《常州畫派研究》
123	高沅		浙江平湖	花卉	真逼惲格	蔣寶齡《墨林今話》 馮金伯《墨香居畫識》
124	計光炘	1803～1860	浙江秀水	山水花卉	書齋二田齋，因慕石田、南田	李濬之《清畫家詩史》 葉鵬飛《南田遺韻》
125	張熊	1803～1886	浙江秀水	花卉山水	山水力追四王吳惲	楊逸《海上墨林》
126	居巢	1811～1865	廣東番禺	花卉	師南田	汪兆鏞《嶺南畫徵略》
127	王禮	1813～1879	江蘇吳江	花卉	近師南田	楊逸《海上墨林》 蔣寶齡《墨林今話》

128	朱偁	1826～1900	浙江嘉興	花鳥	取法王禮	楊逸《海上墨林》
129	居廉	1828～1904	廣東番禺	花卉	師南田	汪兆鏞《嶺南畫徵略》
130	金廷椿	道光同治時期	浙江嘉興	花卉	惲格畫風	張鳴珂《寒松閣談藝瑣錄》 葉鵬飛《常州畫派研究》
131	湯世澍	1831～1903	江蘇常州	花卉	能飲甌香館滴乳	《武進縣志》 《讀畫輯略》 張鳴珂《寒松閣談藝瑣錄》 《毗陵畫徵錄》
132	董念菜	1832～1899	浙江嘉興	擅花鳥	嘗摹南田作，得其神韻	徐珂《清稗類鈔》
133	沈相猷	1835～1890	浙江嘉興	花卉、仕女		張鳴珂《寒松閣談藝瑣錄》
134	任薰	1835～1893	浙江蕭山	人物、花鳥	花鳥學惲壽平	葉鵬飛《常州畫派研究》
135	松年	1837～1906	蒙古鑲藍旗人	山水、花卉、人物	摹南田大意	《荷花翠鳥圖》題識，濟南市博物館藏
136	胡錫珪	1839～1883	江蘇蘇州	人物花卉	花卉摹仿惲壽平	朱鑄禹編《中國歷代畫家人名辭典》
137	任頤	1840～1895	浙江蕭山	人物、花鳥、山水	花鳥吸取惲壽平沒骨法	楊仁愷主編《中國書畫》
138	馬文熙		江蘇吳縣	花卉	宗惲派	楊逸《海上墨林》
139	戴公望		浙江嘉善	山水花卉蘭石	摹仿惲南田	蔣寶齡《墨林今話》 秦祖永《桐陰論畫》
140	鄭濂		浙江海鹽（道士）	花卉書法	學惲壽平	楊逸《海上墨林》
141	潘振鏞	1852～1921	浙江嘉興	仕女花卉	花卉師惲壽平	俞劍華《中國美術家人名辭典》
142	曹恒		河北宛平	花卉	花卉師惲源濬	彭蘊燦《歷代畫史匯傳》 《耕硯田齋筆記》
143	費念慈	1855～1905	江蘇常州	花卉	擬南田法	《花鳥圖》團扇題識，首都圖書館藏

144	陸龍	1865～？	江蘇蘇州	花卉	擬南田老人筆意	《歲朝清供圖圖》題識，首都圖書館藏
145	賀水鴻		浙江杭州	花卉翎毛	南田後身	蔣寶齡《墨林今話》卷三
146	汪恭		安徽休寧	山水人物花卉翎毛	汪子慕南田，書畫臨摹頻	趙懷玉《亦有生齋續集》卷三
147	管幹貞		江蘇武進	花卉	得南田真髓	龔方緯《清民兩代金石書畫史》
148	畢慧（女）		不詳	花卉	有南田風韻	龔方緯《清民兩代金石書畫史》
149	葉鳳毛		上海	花鳥人物	寫生學南田	龔方緯《清民兩代金石書畫史》
150	諸炘		浙江仁和	人物花鳥	有南田、新羅神趣	龔方緯《清民兩代金石書畫史》
151	許華文		浙江仁和	山水人物花卉	可追南田、秋嶽兩家	龔方緯《清民兩代金石書畫史》
152	胡素濤		江蘇常熟	花卉	寫生宗南田翁	蔣寶齡《墨林今話》卷十五
153	張鈞		江蘇吳江	花卉	花卉宗惲草衣	蔣寶齡《墨林今話》卷十五
154	王靜之		江蘇吳江	花木蔬果	泛師南田、秋嶽、石濤、冬心諸家	蔣寶齡《墨林今話》卷十五
155	徐廷玫		江蘇沭陽		得南田法	《（民國）沭陽重修縣志》卷九
156	張桂岩		河北南皮		宗惲南田法	《（民國）南皮縣志》卷十
157	李篤慶		河南商水	花卉、翎毛、昆蟲	花卉得惲南田法	《（民國）商水縣志》卷二十
158	張士義		江蘇銅山	花卉	得南田法	《（民國）銅山縣志》第十七篇
159	瞿應紹		上海松江	寫竹、花卉	宗南田草衣	《（光緒）松江府續志》卷二十六
160	張雲裳		安徽蒙城	花卉	宗南田	齊學裘《見聞隨筆》卷二十五
161	魯祝		上海寶山		宗南田草衣	《（光緒）寶山縣志》卷十

162	錢畹生		浙江平湖	花卉	宗南田	張鳴珂《寒松閣談藝瑣錄》卷六
163	錢羹梅		江蘇常熟	花卉	宗南田草衣	張鳴珂《寒松閣談藝瑣錄》卷六
164	印光鑠		上海嘉定		畫宗南田	《（民國）嘉定縣續志》卷十一
165	沈銓		天津	花卉	宗南田草衣	楊鍾羲《雪橋詩話續集》卷六

　　當然，以上表格只是現在文獻或傳世作品等資料所示受惲壽平畫風影響的畫家，難免有掛一漏萬之嫌。通過這些資料的疏理，我們不難看出惲壽平在有清一代近三百年以來對中國畫壇所產生的影響。這種影響不是侷限於一段時間，也不是侷限於一地，而是對清代不同時期、不同區域（的畫家都產生不同程度的影響。以地域看，所受惲壽平畫風影響的畫家以江蘇地區（包括今天的上海地區）為中心，輻射到浙江、福建、廣東、雲南、天津、安徽、湖南、河北等地區；從影響的內容看，主要集中在花卉畫方面，也有少數書畫家師法其山水（如張熊、陸俊、戴宗昆）或書法（如李瑤、徐春濤）；從時代看，從清代康熙年間一直延續到民國時期。從這個意義上講，惲壽平及其以他為先導的「常州畫派」的在畫壇上的影響力遠非當時其他畫派所比擬。

　　另一方面，惲壽平及其「常州畫派」之所以能產生如此深遠的影響，這和惲壽平作品在清代的傳播也有很大的關係。

　　除了當時重要的收藏家如宋犖等人延請惲壽平在其幕下作畫，並竭力為其繪畫作宣傳與推介外，清代乾隆以來有多位惲壽平作品的收藏愛好者的追捧也有很大的關係。

　　據說乾隆時期，孝賢皇后之弟、權傾一時的大臣傅恒（1723～1770）深得乾隆寵愛，乾隆因其戰功卓著為其賜壽，朝野上下爭相送禮祝賀。傅恒不欲消耗海內財力，乃告之左右曰：「凡以四王、吳、惲書畫饋我者受之，他則否」〔註30〕，本來這時離四王、吳、惲之世僅百數十年時間，其畫並不珍貴，此語一出，而四王、吳、惲的書畫為之一空，成為惲壽平作品傳播史上的一件大事。

　　此外，稍後的另外兩個收藏家也是惲壽平繪畫的大力追捧者。一個是畢瀧，另一個是金芬。

　　畢瀧（1733～1797）是清代著名的書畫鑒藏家。他字潤飛，號竹癡，江蘇

────────────

〔註30〕徐珂《清稗類鈔‧鑒賞類》，中華書局，1984 年。

鎮洋（今太倉）人，擅長書畫，同時喜愛收藏金石書畫。他的鑒定眼力極好，據說所藏宋、元、明人書畫，都是精品，凡「真蹟中之烜赫者，無一贋鼎」。和當時很多鑒藏家不同的是，他除了力追前代名跡外，對當代畫家也大力搜藏，其中尤以所藏王時敏、王鑒、惲壽平、吳歷、王翬、王原祁作品著稱，「所收尤為精粹，幾於日不給賞」〔註31〕。

　　金芬，字誦清，浙江杭州人，生平喜好金石篆隸文字，並能鑒定書畫，「見古人遺跡，輒能辨其真贗，真者裝潢而題識之」〔註32〕。在所藏書畫中，金芬特別喜好倪瓚、惲壽平作品，他將他們的書法摹勒上石，刻為《清嘯閣法帖》，成為研究惲壽平書法的重要資料。

　　此外，清內府的書畫收藏中，也有不少惲壽平的作品。經《石渠寶笈》〔註33〕及《清內府書畫編纂稿》〔註34〕著錄過的惲壽平作品就有十數件。官方的揄揚對於惲壽平作品的傳播無疑會起到有力的推動作用。

　　正是因為有眾多的藝術追隨者和鑒藏家的力捧，才使得惲壽平及其以他為中心的「常州畫派」在清代以來的中國繪畫史上產生了深遠的影響，並使他無可置疑地成為開啟一代風氣的書畫大家。

〔註31〕徐珂《清稗類鈔・鑒賞類》，中華書局，1984 年。
〔註32〕徐珂《清稗類鈔・鑒賞類》，中華書局，1984 年。
〔註33〕《秘殿珠林石渠寶笈合編》，上海書局，1988 年；《欽定石渠寶笈續編》，海南出版社，2001 年。
〔註34〕佚名編《清內府書畫編纂稿》，北京圖書館出版社，2005 年。

圖1　唐宇昭《荷鷺圖》，絹本設色，126×46釐米，常州市
　　　博物館藏

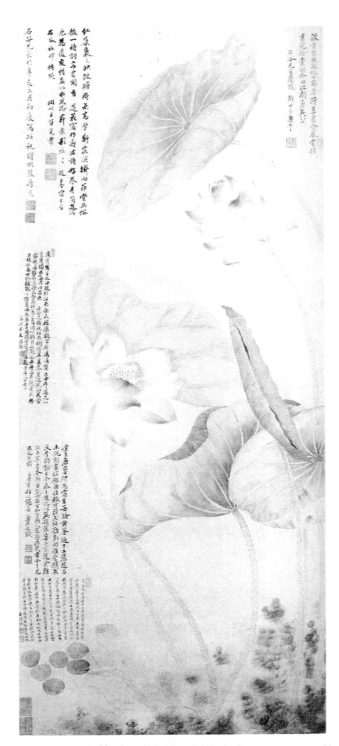

圖 2 惲壽平、唐艾《紅蓮圖》，紙本設色，135.7×59 釐米，
　　北京故宮博物院藏

圖3　馬元馭《花鳥圖》軸，絹本設色，70×37.5釐米，江西婺源博物館藏

圖 4　馬元馭《楊柳八哥圖》軸，絹本設色，130.6×65.9 釐米，上海博物館藏

圖5　馬元馭《南溪春曉圖》，絹本設色，57.2×28.6 釐米，南京博物院藏

圖6　馬元馭《葡萄圖》軸，絹本設色，53.5×29釐米，廣東省博物館藏

圖 7　馬元馭《秋樹蒼鷹圖》軸，紙本設色，109.8×47.9 釐
　　米，香港中文大學文物館藏

圖 8-1　鄒顯吉《四季花卉圖卷》之一，絹本設色，無錫博物院藏

圖 8-2　鄒顯吉《四季花卉圖卷》之二，絹本設色，無錫博物院藏

圖 8-3　鄒顯吉《四季花卉圖卷》之三，絹本設色，無錫博物院藏

圖 8-4　鄒顯吉《四季花卉圖卷》之四，絹本設色，無錫博物院藏

圖 8-5　鄒顯吉《四季花卉圖卷》之五，絹本設色，無錫博物院藏

圖 8-6 鄒顯吉《四季花卉圖卷》之六，絹本設色，無錫博物院藏

圖 9 鄒一桂《白海棠圖》，絹本設色，31.7×51.8 釐米，上海博物館藏

圖 10 清・鄒一桂-《四君子圖》卷，紙本墨筆，29×87 釐米，大英博物館藏

津7—1008

圖 11　清・范廷鎮《五清圖》，紙本設色，128.5×61.5 釐米，天津博物館藏

圖 12　張偉《牡丹圖》，絹本設色，157.8×71.9 釐米，上海博物館藏

圖 13　清·居巢《仿元人花果小品》，紙本設色，廣東
　　　　省博物館藏

圖 14　清・居廉《採花歸》，1897 年，絹本設色，直徑 24.5 釐米，廣州藝術
　　　博物院藏